En todas las generac[...] [...] [...]o
fondo del corazón de [...] [...]s
que hacen eco del cla[...] [...]orazón de Dios! Al haber criado
a mis cuatro hijos en la cultura de lo sobrenatural, sé que lo
que Jennifer enseña en las páginas de este libro, ¡funciona!
Sé que es efectivo. ¡Y sé que podemos crear una cultura de
lo sobrenatural en los niños también! ¡Podemos investir de
poder a los niños para llevar a cabo las obras de Jesús! ¡Un
ejército está esperando ser despertado y liberado!

—JAMES W. GOLL
FUNDADOR DE ENCOUNTERS NETWORK Y AUTOR DE *CÓMO VIVIR
UNA VIDA SOBRENATURAL, EL VIDENTE* Y *UNA FE RADICAL*

Pocas cosas me desafían y me inspiran tanto como las historias
de lo que Dios está llevando a cabo y de lo que hará. En *Los
niños y lo sobrenatural,* Jennifer Toledo, al contar sus historias,
realiza un trabajo increíble desafiando a la Iglesia a darle un
segundo vistazo a la manera en que vemos a los niños. Incluso
descubrí que mi propia perspectiva fue cambiada. Pero también
descubrí que las historias de estos niños, su fe y sus encuentros con Dios, llevaron a mi corazón a creer para obtener más
en mi propia vida y a buscar más profundamente a Jesús. No
debí haberme sorprendido. Cada vez que me encuentro con el
ministerio de Jennifer, mi corazón se aviva con fe y provoca que
mi alma busque cosas mayores de Dios. Sin duda, este libro no
solamente desafiará su perspectiva de los niños, sino también
lo llamará a creer para obtener más de Dios en su propia vida.

—BANNING LIEBSCHER
DIRECTOR DE JESUS CULTURE

Un niño que crece en el mundo actual no tiene oportunidad
a menos que conozca al Jesús verdadero, no al Jesús de la

religión. ¡Este libro hará una diferencia en el futuro de sus hijos!

—SID ROTH
ANFITRIÓN DE IT'S SUPERNATURAL! [¡ES SOBRENATURAL!]

Me encanta *Los niños y lo sobrenatural*. De verdad, lloré al irlo leyendo. No es solamente un libro, es una parte del corazón de Dios que entrará en su interior y transformará su manera de pensar. Aunque, como muchas personas, yo poseía cierto conocimiento al respecto, me sentía hecho polvo con la responsabilidad de ver que se les otorgara poder a los niños y se les diera la libertad de dirigir. El trabajo de Jennifer Toledo establece un fundamento que jamás habría imaginado en absoluto, con respecto al llamado global para la siguiente generación. Este no es un libro solo para los hijos de los obreros cristianos; es una historia épica y una herramienta fundamental para valorar a la mitad de la población mundial, la cual resulta ser joven. Nunca me han inspirado tanto los niños. Cuando leí este libro, recibí mucha esperanza por lo que Dios está llevando a cabo y desea realizar en los niños. Esto no es solo inspiración. Este libro debería ser una lectura obligada para todos los cristianos. Nos da una mirada del poder sobrenatural de Dios obrando en la Tierra en la actualidad e imparte una fe transferible.

—SHAWN BOLZ
PASTOR PRINCIPAL DE EXPRESSION58, STUDIO CITY, CALIFORNIA
AUTOR DE *KEYS TO HEAVEN'S ECONOMY* [LAS LLAVES A LA
ECONOMÍA DEL CIELO]; *THE THRONE ROOM COMPANY* [LA
COMPAÑÍA DEL TRONO] Y *THE NONRELIGIOUS GUIDE TO DATING*
[LA GUÍA NO RELIGIOSA PARA LAS CITAS].

*¡Los niños y lo sobrenatural* lo impactará profundamente, lo motivará, edificará su fe y lo hará reír y llorar! La nueva generación necesita conocer a Dios y necesita conocer su poder. A través del libro de Jennifer Toledo usted será refrescado al

descubrir lo que Dios siente por los niños en la actualidad. Jennifer no solamente escribe al respecto, ¡también lo vive!

—Patricia King
Fundadora de Xpmedia, Xpministries y Xpmissions,
Maricopa, Arizona

Jennifer Toledo es una campeona de los niños. Su comisión personal de parte de Dios para llevarles a los niños el "evangelio auténtico", ha revolucionado su vida y la vida de todos los niños a quienes les enseña. Los niños de su ministerio han visto sanar a pacientes infectados con SIDA y echado fuera demonios, y han experimentado la presencia de Dios en maneras sorprendentes. Jennifer es un ejemplo y una maestra sobresaliente. Como defensores de niños en riesgo durante años, nosotros conocemos el potencial poco aprovechado de los niños alrededor del mundo, ¡de manera que elogiamos con gozo tanto a Jennifer como a este libro!

—Wesley y Stacey Campbell
Pastores fundadores de New Life Church,
Kelowna, Columbia Británica, Canadá

Como Jennifer, yo he aprendido a través de los niños lo que Jesús puede llevar a cabo. Él ha elegido a las personas sencillas, humildes y que son como niños para revelarles su poder y su amor al mundo. Este libro es un rico estímulo para todos aquellos que están hambrientos de recibir impartición de "el más pequeño de mis hermanos". Los niños y los jóvenes de la actualidad están montando una ola de avivamiento que debe enriquecernos a todos con señales y prodigios cada vez mayores. ¡Permítales enseñarle acerca del Reino!

—Heidi Baker, Ph.D.
Fundadora y directora de Iris Global

# Los niños

## y lo
# sobrenatural

## JENNIFER TOLEDO

**CASA**
CREACIÓN

La mayoría de los productos de Casa Creación están disponibles a un precio con descuento en cantidades de mayoreo para promociones de ventas, ofertas especiales, levantar fondos y atender necesidades educativas. Para más información, escriba a Casa Creación, 600 Rinehart Road, Lake Mary, Florida, 32746; o llame al teléfono (407) 333-7117 en Estados Unidos.

*Los niños y lo sobrenatural* por Jennifer Toledo
Publicado por Casa Creación
Una compañía de Charisma Media
600 Rinehart Road
Lake Mary, Florida 32746
www.casacreacion.com

Traducido por: pica6.com (con la colaboración de Danaé G. Sánchez Rivera y Salvador Eguiarte D.G.)
Director de arte: Bill Johnson

Originally published in the U.S.A. under the title: *Children and the Supernatural* published by Charisma House, a Charisma Media Company, Lake Mary, FL 32746 USA
Copyright© 2012 Jennifer Toledo
All rights reserved.

Visite las páginas web de la autora: www.expression58.org y www.gcmovement.org

Library of Congress Control Number: 2012936697
ISBN: 978-1-61638-768-6
E-book: 978-1-61638-783-9

**Nota de la editorial**: Aunque el autor hizo todo lo posible por proveer teléfonos y páginas de Internet correctas al momento de la publicación de este libro, ni la editorial ni el autor se responsabilizan por errores o cambios que puedan surgir luego de haberse publicado.

Impreso en los Estados Unidos de América
12 13 14 15 16 * 5 4 3 2 1

ME GUSTARÍA DEDICARLE ESTE LIBRO a mis asombrosos hijos Malaika, Josiah y Ruah, quienes son un constante recordatorio en mi vida de la belleza y el poder de ser como niños. ¡Cada uno de ustedes lleva una parte especial del corazón de Dios y estoy completamente enamorada de ustedes! Gracias por haber sido pacientes conmigo mientras escribía ese libro. Oro que cada uno de ustedes tenga una vida de increíbles experiencias con nuestro Padre sobrenatural y que siempre estén arraigados en su amor.

ME GUSTARÍA IGUALMENTE DEDICARLES ESTE LIBRO a los incontables hombres y mujeres que han sembrado en la vida de los niños con fidelidad, año tras año. Ustedes son los verdaderos héroes desconocidos. Muchos de ustedes han servido cuando nadie más lo haría, han creído cosas que nadie más se atrevería a creer y han tomado un ministerio que durante años ha prescindido de un verdadero honor en el Cuerpo de Cristo. Gracias. Su fe y su amor no han sido en vano.

# CONTENIDO

**Reconocimientos** . . . . . . . . . . . . . . . . . . . . . . . . . . . . xi

**Prólogo por Bill Johnson** . . . . . . . . . . . . . . . . . . . xiii

**Introducción.** . . . . . . . . . . . . . . . . . . . . . . . . . . . . . . xv

Parte uno: El trasfondo

1 **Los niños de Bungoma.** . . . . . . . . . . . . . . . . . . . . . 1

Parte dos: El encuentro

2 **Diseñados para encuentros** . . . . . . . . . . . . . . . . . 29

3 **Una invitación radical.** . . . . . . . . . . . . . . . . . . . . . 37

4 **Una mariposa, un milagro y ángeles** . . . . . . . . . . 41

5 **Una cita con Jesús.** . . . . . . . . . . . . . . . . . . . . . . . . 53

6 **Cuando Dios se presenta** . . . . . . . . . . . . . . . . . . . 69

7 **El encuentro de Conner.** . . . . . . . . . . . . . . . . . . . . 77

Parte tres: Oraciones que cambian la historia

8 **Oraciones que cambian las leyes.** . . . . . . . . . . . . . 87

9 **Un millón de ángeles** . . . . . . . . . . . . . . . . . . . . . . 91

10 **Cuando las oraciones estremecen las tinieblas** . . . 97

Parte cuatro: Soltar a los niños en un mundo quebrantado

11 **Encontrar a Barb** . . . . . . . . . . . . . . . . . . . . . . . . . 103

12 **Los niños de Colima** . . . . . . . . . . . . . . . . . . . . . . 107

13 **Salvada por rostros sonrientes.** . . . . . . . . . . . . . . 113

14 **Una naranja y un plátano** . . . . . . . . . . . . . . . . . . 117

15 **"¡Dios lo ama a usted y a sus tatuajes!"** . . . . . . 121

16 **La búsqueda del tesoro perfecto.** . . . . . . . . . . . . 125

17 **El lustrador de zapatos** . . . . . . . . . . . . . . . . . . . . 129

Parte cinco: Manos que sanan

18 **Sanado de malaria.** . . . . . . . . . . . . . . . . . . . . . . . 133

19 **Cuando un bebé suelta sanidad.** . . . . . . . . . . . . . 135

20 **Sanidades en lugares comunes.** . . . . . . . . . . . . . . 139

21 **La habitación celestial de órganos** ........... 141

22 **El tritón** ...................................... 145

23 **Esther: La hacedora de milagros** ............. 153

Parte seis: Un niño pequeño debe guiarlos: El papel de los niños en el avivamiento mundial

24 **La estrategia divina.** ........................ 157

25 **De la esclavitud a la realeza** ................. 161

26 **¿Quiénes son las multitudes?** ................ 167

27 **Unidad generacional: La clave para el avivamiento mundial** .......................... 175

28 **Un árbol y una motosierra** ................... 183

29 **Un sueño recurrente** ........................ 187

30 **La Ventana 4/14: La edad de oro de la oportunidad** ................................. 189

**Notas** ........................................ 195

# RECONOCIMIENTOS

A LGUIEN ME DIJO una vez que debía escribir un libro, porque casi ninguna mujer en sus veintes o en sus treintas años estaba escribiendo libros y se necesitaba escuchar sus voces. Aunque estoy muy de acuerdo con el comentario de esa persona, ahora comprendo por qué las mujeres de mi edad no están escribiendo libros: se debe a que intentar escribir un libro mientras se tiene bebés es como intentar hacer malabares con antorchas encendidas mientras se está vendado de los ojos. (Intentar escribir un pensamiento completo con un niño pequeño trepándose en uno, una montaña de ropa sucia mirándolo fijamente y con Barney resonando en el fondo, ¡no es una hazaña fácil!).

Muchas personas ayudaron a darle vida a este libro:

Primero que nada, Jona, mi asombroso esposo que me animó constantemente, se llevó a tres niños al parque miles de veces y me preparó café con amor cada vez que se lo pedía (es decir, muchas veces). Eres un regalo y el verdadero amor de mi vida.

Mi querido amigo y amigo keniano, Patrick Siabuta, quien vivió varias de las historias conmigo y pasó incontables horas localizando a gente por mí.

A todos mis amigos y familiares que me animaron a escribir estas preciosas historias sin importar si la gente creía que fueran verdaderas o no.

A los increíbles padres y madres de mi vida que han creído

en mí, me han celebrado y animado en el proceso. Gracias por su aprobación y por su apoyo constante.

A mi editorial (especialmente a Maureen Eha) por presionarme y sacar este libro de mí.

A todos los niños asombrosos que compartieron sus historias especiales conmigo (y a los asombrosos padres que me permitieron contarlas).

Y, sobre todo, este libro no existiría sin estas historias, y estas historias no existirían sin el increíble y poderoso amor de Dios que interactúa con la humanidad. ¡Dios está tan vivo y continúa estando en su trono! Por ello, ¡yo estoy totalmente agradecida!

Espero que disfrute este libro.

# PRÓLOGO

JENNIFER TOLEDO HA escrito un libro asombroso que no
pudo llegar en un mejor momento. Es un registro de sus
experiencias al ver el Reino de Dios manifestado a través
del corazón, la boca y la vida de los niños. Su comprensión de
los dones y las capacidades de los niños nos trae un despertar
necesario al reconocer la necesidad de equipar a esta generación
para "hacer lo que le toca". Las historias de este libro nos incitan
a medida que leemos acerca de la fe de los niños; de una fe que
vacía hospitales, que lleva la salvación a las personas en las calles
y que es rápida para obedecer y confiar en la voz de Dios.

El mundo está clamando por un testigo confiable de la resurrección de Jesucristo; por una fe que sea intensamente auténtica y eficaz. Y tal como Dios llamó la atención del mundo a
través de un niño en un pesebre hace dos mil años, Él da a
conocer ahora sus propósitos y sus planes a través de los niños
en una manera en que incluso los adultos pueden comprender.

Dios ve de manera diferente que nosotros. Como resultado, Él utiliza constantemente a los niños como el estándar a
partir del cual se miden los adultos. Debemos convertirnos en
niños para recibir completamente el Reino. Hace muchos años
mi querido amigo Dick Joyce nos decía una y otra vez: "¡Los
niños no tienen un Espíritu Santo edición infantil!". He vivido
con esa convicción y prioridad desde entonces. Pero Jennifer
ha llevado esta idea a un nivel que demanda atención. Ya

no solamente puedo estar de acuerdo con el concepto. Debo ajustar mi vida para mostrar esta prioridad del cielo. Este libro no solamente es contagioso, sino peligroso; peligroso para quienes tienen un espíritu político y para los que tienen un espíritu religioso que desean mantener el poder de ser como niños lejos del punto focal de la Iglesia. Porque si participamos en un avance de esa naturaleza, nada nos será imposible.

*Los niños y lo sobrenatural* es un sencillo pero profundo registro de la perspectiva que Dios tiene de la gente. Sí, contiene historias fabulosas de niños que son utilizados por Dios en maneras poderosas. Eso es alucinante. Pero es más que eso. Este libro revela que el corazón de los niños es muy atractivo para Dios y nos dice por qué. Si usted es padre, una persona involucrada con el ministerio de niños o solamente un adulto que está cansado de ser tan adulto que se pierda del Reino, este libro es para usted. Es una invitación para vernos como Dios nos ve y valorar lo que Dios valora. Esta es una carga personal para ir más arriba, yendo más abajo. Prepárese para ser sorprendido.

Deseo ver este libro en las manos de todos los padres que pastoreo y de todos aquellos que trabajan con niños. Pero de igual manera, deseo ver que los adultos que no tienen hijos, pero que tienen hambre por un estilo de vida semejante al de Jesús, lean este libro. Anhelo ver que la gente lea este libro para descubrir cómo convertirse en ese niño a quien Dios favorece tanto en la Escritura. Este libro tiene potencial para remover e infundir hambre en todo aquel que lo lea. Es así de incitante. La simplicidad de la devoción a Cristo, la practicidad en el enfoque y el ministerio, todo ello se muestra en *Los niños y lo sobrenatural*.

—BILL JOHNSON
PASTOR DE BETHEL CHURCH, REDDING, CA
AUTOR DE *CARA A CARA CON DIOS* Y *LA GUÍA ESENCIAL PARA LA SANIDAD*

# INTRODUCCIÓN

"¿**L**E ENSEÑARÁS A la siguiente generación el evangelio puro?". Escuché al Señor decir esas palabras mientras me sentaba en el lodo con dos niños de la calle en Kenia, las cuales cambiaron para siempre el curso de mi vida. Mi primera respuesta fue: "Señor, fui criada en Estados Unidos. No estoy segura de conocer el evangelio puro". Me encontraba sobrecogida por la desesperación y el deseo que escuché en su voz. Sus palabras se sintieron como electricidad en mi cuerpo.

En mi vida, solamente ha habido unas pocas veces en que he escuchado al Señor tan claramente. Permanecí ahí sentada completamente desecha mientras olas de sentimientos me barrían. Instantáneamente reconocí el profundo deseo de su corazón por que una generación lo conozca como Él es realmente. Había una desesperación y una pasión tan evidentes en su voz. Él deseaba ser conocido en sus términos, sin religiosidad, sin incredulidad, sin mentalidades culturales, sin política. Solamente *conocido*. No pude sostener mis lágrimas. *"Señor, si me enseñas el evangelio puro, yo se lo enseñaré a la siguiente generación".*

Ese fue uno de los momentos fundamentales de mi vida, una encrucijada en la que mi perspectiva y mis prioridades cambiaron para siempre. Tenía veintiún años. Había estado en la iglesia toda mi vida y, sin embargo, de pronto sentí que necesitaba volver a aprender todo. Me sentí tan desafiada y motivada al mismo tiempo. Algunas veces la perspectiva de Dios me ofendía. Otras veces me daba cuenta de cuántas de las cosas que decía o realizaba estaban en realidad arraigadas en la cultura cristiana a mi alrededor, en lugar de en la cultura auténtica del Reino de Cristo. Me sentí como niña de nuevo y eso fue muy liberador.

Yo estaba viviendo al oeste de Kenia durante ese tiempo, en una ciudad llamada Bungoma. Estaba trabajando con un grupo asombroso de personas que amaban a los niños y estaba contribuyendo con la obra como podía. Pasaba la mayoría de mis tardes con un pequeño grupo de niños, la mayor parte de los cuales eran huérfanos o vivían en las calles, y comencé a compartir con estos preciosos niños todo lo que Dios me estaba enseñando. A menudo me encontraba atrancada entre una enseñanza, intentando encontrar el lenguaje para comunicar la verdad sin atacar mi perspectiva natural y humana de ella.

Los niños eran como esponjas y el fruto de la verdad salió a la luz rápidamente en sus vidas. Era muy divertido verlos surgir a la vida. Tuve algunos amigos en Kenia, la mayoría de los cuales eran ministros locales que compartían mi pasión por los niños y se estaban derramando igualmente sobre los niños de la ciudad. Los cuidadores de algunas de las casas donde permanecían los niños, me contaron algunas historias de cómo ellos algunas veces en la noche se despertaban y encontraban una habitación llena de niños adorando e intercediendo, porque habían sido impactados por la verdad de quien es Dios.

Muchos de los niños de Bungoma comenzaron a recibir profundas revelaciones durante sus encuentros con Dios. Ellos fueron liberados de adicciones, temores y desesperanza, se apasionaron en su relación con Dios y eso comenzó a derramarse en los demás. Dios, en su amor, me había llevado a Bungoma, una ciudad que ya estaba comenzando a ser sacudida: un lugar donde los niños estaban destinados para algo grande. Él me llevó a Bungoma para volver a aprender el evangelio, a través de los ojos de un niño.

Le contaré la historia completa de lo que sucedió con los niños de Bungoma en un momento. Pero antes, usted necesita saber que ese encuentro, en el que yo estaba sentada en el lodo, escuchando el deseo desesperado del Padre por que una generación lo conozca verdaderamente, *me cambió.* Me torné profundamente consciente de la búsqueda del cielo por esta generación y la grande pasión por Dios de capturar su corazón.

He pasado mucho tiempo pensando y observando cómo procedemos en la iglesia. A menudo, los adultos enviamos a los niños a que los entretengan, de manera que podamos estar "de verdad" en la iglesia. Los enviamos a ver videos, a jugar y a comer bocadillos, para que podamos explorar las cosas profundas de Dios. Comencé a sentirme tan triste por ello y no podía comprender hasta cierto grado, cómo el corazón del Padre debe dolerse por ello. La realidad es que, si ha nacido de nuevo, usted es parte del Cuerpo de Cristo y tiene acceso completo a todo lo del Reino. La edad no importa. Dios está apasionado por encontrarse con los niños y durante mucho tiempo hemos estado alejando a los niños de las cosas profundas de Dios.

Las palabras de Jesús resuenan: "Dejen que los niños vengan a mí, y no se lo impidan, porque el reino de los cielos es de quienes son como ellos" (Mateo 19:14).

Dios desea llevar a los niños a la plenitud de quién es Él. Ahí es donde siempre han pertenecido. En toda la Tierra, Dios se les está revelando a los jóvenes. Me asombro de continuo y me gozo por completo al observar ocasionalmente este hermoso intercambio. Los niños son tan buenos receptores, porque simplemente creen en Dios. Ellos no tienen incredulidad, desilusiones ni teología estorbando en el camino. Son vasijas abiertas y Dios los está llenando.

Espero que todos podamos ser estudiantes del evangelio puro. No se trata solamente de que los jóvenes encuentren a Dios. ¡Se trata de que toda una generación de personas en la Tierra sea despertada a la realidad de quien es Él! Dios se les está revelando a los jóvenes y a los viejos por igual, de manera que podamos verlo con la lente correcta. ¡Él es bueno, Él es fiel, Él es divertido, Él es bondadoso, Él es poderoso, Él es devoto y está tan enamorado de nosotros! Espero que todos podamos convertirnos en estudiantes del evangelio puro. Mi oración es que las historias que siguen lo inspiren y lo lleven de nuevo a una fe semejante a la de un niño.

# PARTE UNO
## EL TRASFONDO

*Cuando Jesús se dio cuenta, se indignó y les dijo: "Dejen que los niños vengan a mí, y no se lo impidan, porque el reino de Dios es de quienes son como ellos".*

—MARCOS 10:14

# 1
## LOS NIÑOS DE BUNGOMA

DURANTE AÑOS ME he conmovido con solo contar las historias de los niños de Bungoma, porque son santas y preciosas para mí, y he temido que no sean creídas o que alguna persona enfadada e incrédula intente opacar la belleza de lo que sucedió. Desde entonces he llegado a darme cuenta de que no hay nada ni nadie que le reste valor a lo que he presenciado y del asombroso fruto que ha surgido del encuentro que Dios ha tenido con estos niños. El mundo necesita escuchar de sus grandes obras y yo dejaré que Dios sea su propio defensor.

Dios llevó a cabo algo asombroso en, y a través de, los niños de Bungoma, lo cual me cambió para siempre. En mi primer viaje a Kenia en 2001, me sorprendió la falta general de valor que se les daba a los niños. No se les tomaba en cuenta para nada. Las tasas de abuso infantil eran altas. Podía verse a los niños viviendo solos en las calles sin que alguien cuidara de ellos. La educación gratuita no existía, de manera que muchos niños no iban a la escuela. Y tristemente, los niños eran virtualmente invisibles en la mayoría de las iglesias a las que yo asistía.

Los pastores a menudo "ahuyentaban" a los niños para que les hicieran espacio a los adultos. Cuando les preguntaban cuántas personas asistían a la iglesia, los pastores rara vez contaban a los niños. Más asombroso aún, muchas personas creían que ni siquiera se les debía permitir a los niños ser

1

salvos hasta que fueran adultos, una creencia que más tarde descubrí era común en muchos otros lugares del mundo.

Cuando llegué a Bungoma, me di cuenta que esta mentalidad era muy frecuente en esta comunidad relativamente pequeña de la provincia occidental de Kenia, cerca de la frontera con Uganda. Me enamoré de los niños de Bungoma y sentía una carga en mi corazón por que ellos fueran restaurados al lugar de valor que les pertenecía. La buena noticia es que la justicia del cielo no es como tomar un número negativo y elevarlo a cero. ¡La justicia del cielo es como tomar un número negativo y sumarle hasta que dé más de mil!

Eso es exactamente lo que Dios hizo. Él se mostró a través de los niños de Bungoma. Yo me encontraba en buena compañía, ya que estaba viviendo con una pareja dinámica, los pastores Patrick y Mary Siabuta, quienes estaban tan apasionados por los niños como yo. Patrick fue una pieza importante al comenzar una red de pastores de niños en toda la ciudad (Bungoma Pastors Fellowship Children's Department), la cual se convertiría en la columna de lo que Dios estaba a punto de hacer. Patrick había estado compartiendo con los demás líderes el mensaje de que Dios podía utilizar a los niños y las cosas comenzaron a cambiar en la ciudad.

Yo comencé a reunirme con un pequeño grupo de alrededor de treinta niños, después de que escuchara al Señor preguntarme si podía enseñarle el evangelio puro a la siguiente generación. Como lo mencioné anteriormente, la mayoría de los niños eran huérfanos o niños de la calle, y el Señor comenzó a encontrarse con ellos en una manera profunda. Los niños lloraban cuando encontraban su amor y su presencia. Fueron liberados del espíritu de "orfandad" y comenzaron a comprender quiénes eran como hijos e hijas de Dios. Los niños que habían estado viviendo en las calles adictos a inhalar pe<sub></sub>-mento, fueron liberados de sus adicciones y se enamoraron de Jesús. Rápidamente, estos niños se llenaron tanto de Jesús que era evidente que necesitábamos ayuda para crear maneras en que ellos pudieran compartir lo que Dios estaba poniendo en sus corazones.

## CUANDO CANTA EL CORAZÓN DE UN NIÑO

Patrick y yo organizamos a un grupo de doce niños para que fuera al hospital gubernamental local, llamado District Hospital. Es el hospital más grande de la región y está lleno de enfermedad, tristeza y muerte. Al principio fue muy abrumador. No solamente nuestros sentidos estaban sobrecargados a causa de los olores, las escenas, los sonidos, el dolor, el sufrimiento, entre otras cosas; sino que los pacientes no parecían estar emocionados por vernos. Había cuarenta y siete personas por cuarto y los pacientes sufrían desde malaria, fiebre tifoidea, hasta SIDA, entre otras enfermedades.

El ambiente era tan intenso que los niños comenzaron a retroceder, abrumados por la situación. Yo coloqué a los niños a un lado y les recordé con amor que no tenemos que "hacer" nada en nuestra fuerza. Simplemente necesitamos escuchar las instrucciones del Padre y realizar aquello que Él nos dice que hagamos. Eso pareció aliviarlos un poco y solamente esperamos las instrucciones del cielo. Nos encontrábamos en la primera sala en ese momento y uno de los chicos, Richard, se acercó a mí y dijo nervioso: "Tiíta, creo que debo cantar una canción". Ahora, una pausa. Creo que necesita escuchar la historia de Richard para apreciar verdaderamente este momento.

Richard viene del pueblo Turkana, un grupo indígena remoto en el norte de Kenia. Los turkana son pastores nómadas que viven tal como han vivido durante miles de años. La región Turkana fue golpeada severamente por una sequía y una hambruna espantosas, y la familia de Richard había luchado por sobrevivir. Debido a las dificultades, Richard y su hermana gemela habían sido regalados a algunos familiares de edad avanzada poco tiempo después de haber nacido. Los padres de Richard tuvieron dos hijos más y cuando Richard tenía solamente cinco años, el padre golpeó a muerte a su madre, quien estaba embarazada de nuevo.

Su padre huyó de la aldea y se dice que fue asesinado como respuesta a sus acciones. Fue una tragedia horrible y Richard creció al igual que los demás huérfanos de Turkana. Pasó de una persona a la otra hasta que finalmente pudo caminar y recibir algunos animales qué "cuidar". Él sobrevivió de pequeño en el desierto abrasador entre los camellos y las cabras que lo rodeaban. Estaba solo y desprotegido, hasta que un hombre llamado "Jesús" comenzó a visitarlo en el desierto.

Este hombre caminaba con Richard diciéndole que un día lo rescataría de ese lugar y que siempre lo amaría y lo cuidaría. A mediados del año 2000, cuando Richard tenía tan solo siete años, mi amigo Patrick y su obispo fueron a conocer Kachoda, la aldea de Richard, mientras distribuían comida en el desierto asolado por la sequía en el norte. Los dos ministros descubrieron que había siete huérfanos en la aldea que necesitaban ayuda desesperadamente. Meses después, a principios del 2001, un equipo de personas, incluyendo a Patrick y a dos amigos míos, Ralph Bromley y Noel Alexander, hicieron el largo paseo para encontrarlos y regresarlos a su hogar infantil en Bungoma, Kenia.

Cuando los líderes de la aldea escucharon de estos extraños hombres blancos que deseaban llevarse a sus hijos, se pusieron nerviosos y les dijeron a los niños que esos extranjeros probablemente se los comerían y que no debían irse con ellos. Aunque Richard no comprendía mucho de lo que estos hombres blancos decían, él les escuchó decir que conocían a Jesús. De manera que fue con ellos con confianza y les dijo a los demás: "Ellos pueden comerme, pero dicen que conocen a Jesús y que me van a enviar a la escuela, y les creo y eso es todo lo que importa". Fue así como el dulce Richard llegó a vivir a Bungoma en el hogar infantil donde yo estaba trabajando en ese momento. Debido a la resistencia, solamente cuatro de los siete huérfanos los siguieron. Richard conoció a Jesús como su Señor y Salvador, y siempre caminó con una sonrisa radiante y un corazón lleno de gratitud.

Ese día soleado, mientras entrábamos al hospital, Richard sintió que el Señor lo estaba llevando a cantar una canción. Yo no tenía idea de lo que podía suceder, pero animé a Richard a llevar a cabo aquello que el Señor estaba poniendo en su corazón. Él pasó al frente del grupo un poco nervioso. Todos los que estaban en la habitación lo miraron irritados. Pero Richard solamente cerró sus ojos y concentró todo su amor y su afecto en el hombre Jesús, quien lo había rescatado del desierto. Richard comenzó a cantar el viejo himno "Yo me rindo a Él", con la mayor ternura y amor que jamás he escuchado. Este pequeño levantó sus manos hacia el cielo, lágrimas caían de su rostro y simplemente comenzó a adorar despreocupado. Esa fue de verdad una de las cosas más hermosas que he presenciado.

Cerré mis ojos y no pude retener mis lágrimas. Mientras Richard cantaba con tal amor, el cielo se acercaba a ese hospital. La atmósfera de la habitación cambió drásticamente. La presencia de Dios era tan fuerte que yo tenía temor de abrir mis ojos. El peso del cielo estaba tan presente que se me dificultaba respirar. La hermosa, rítmica, desafinada y apasionada adoración de un niño había abierto un plano que me abrumaba. Yo sabía que no estaba sola. Cuando finalmente pude abrir mis ojos, vi que el todo el cuarto estaba desecho con esta repentina "presencia" que nos había atrapado. No tuvimos que convencer a nadie para darle su vida a Jesús. La gente comenzó a clamar al Dios viviente mientras esta santa presencia comenzó a llenar la habitación.

Los niños se dispersaron rápidamente y fueron de cama en cama, orando con las personas que deseaban desesperadamente entregarle su vida al verdadero Dios viviente. Evangelizar nunca fue tan fácil, ¡todos deseaban a este Jesús! Fue una hermosa y poderosa experiencia para nosotros. La obediencia y el amor de un pequeño niño dio lugar al Rey de gloria para derramar su gloria. ¡Y eso fue solamente el comienzo!

## Un sitio espiritual

Los niños continuaron creciendo en el Señor después del viaje al hospital y, pronto, otros niños en la ciudad escucharon que Dios podía usarlos a ellos también. Comenzamos a escuchar historias de grupos de niños que se estaban reuniendo para ayunar, orar y buscar a Dios. Patrick y yo comenzamos a aprovechar cada oportunidad para entrenar a los hijos de los obreros, a maestros de escuela dominical y a los niños mismos. Era evidente que Dios estaba removiendo algo en los niños y nosotros deseábamos colaborar con Él en ello.

Cuando los niños comenzaron a encontrarse con Dios, muchos de ellos estaban siendo atraídos por lo que Dios sentía por su ciudad. Bungoma era un gran lugar, pero el espíritu de división estaba profundamente incrustado en sus iglesias.

Había dos redes pastorales en el área y había mucha amargura y división entre los dos grupos; tanta que habían interpuesto demandas y llevado sus disputas a la corte nacional.

Los niños comenzaron a orar por un mover de Dios en su ciudad y por una estrategia para ver sanidad en sus iglesias. Durante esta temporada de oración un pequeño niño tuvo un sueño. En su sueño, vio un dragón grande en el centro de la ciudad. El dragón se había tragado a muchas personas de la ciudad. En el sueño, el Señor invitaba a todos los niños a caminar por la ciudad durante siete días. El pequeño vio que cada día que caminaban, el dragón se debilitaba cada vez más. Entonces, en el séptimo día, el dragón ya no sobrevivía, vomitaba a todas las personas de la ciudad y moría. *¡Caramba!* ¡Ese es un sueño muy claro! ¡El pequeño compartió su sueño con los demás y supimos que era la estrategia de Dios! Después de mucha oración, los niños sintieron realmente que debíamos hacer una caminata de siete días a través de la ciudad declarando vida y que la ciudad le pertenecía a Jesús.

Comenzamos a organizar y a hacer planes para este "sitio" espiritual de la ciudad. Al principio, algunos de los líderes no lograban comprender lo que estábamos llevando a cabo y les costaba tomarlo con seriedad. Gracias a Dios, la red de los hijos de los pastores alimentó la visión y en un corto periodo de tiempo teníamos tremendo apoyo de pastores, de obispos y de la comunidad. El comité de planeación constaba de 288 personas (48 adultos y 240 niños). Era obvio que el Espíritu de Dios estaba con estos niños y que ellos no solamente estaban "jugando" a la iglesia. Ellos eran una verdadera fuerza que tomar en cuenta.

Les pedimos a los niños de toda la ciudad que amaban a Jesús, que se nos unieran durante los siete días en los que reclamaríamos la ciudad para Jesús. Los niños decidieron que deseaban hacer más que caminar; ellos deseaban atravesar la ciudad en equipos para ir a los hospitales, la estación de policía, los mercados y las escuelas, entre otros lugares, y llevar el Reino de Dios. De manera que organizamos actividades matutinas de alcance que serían seguidas de caminatas vespertinas. Ellos decidieron entonces que seguramente debíamos terminar el día con cruzadas al aire libre en medio de la ciudad (dirigidas completamente por los niños). Eso me parecía una idea perfectamente asombrosa. Estaba muy emocionada y apenas podía esperar. En este punto yo había regresado de los Estados Unidos para reunir a un equipo de niños y adolescentes y llevarlos a Kenia. Llegamos en agosto del 2002 y se podía sentir la emoción en el aire. La atmósfera estaba lista después de meses de oración y expectativa.

La mañana antes de que todo comenzara, organizamos un gran desayuno para todos los pastores de la ciudad y los niños de sus iglesias. Nos reunimos en el Bungoma Tourist Hotel con 150 niños y diferentes pastores, padres de familia y funcionarios importantes de la ciudad. El jefe de policía principal estuvo presente, así como el Sr. Kisingu, la cabeza de la Prisión Distrital. Los niños deseaban la bendición de sus padres y deseaban honrarlos al realizar lo que sentían que el Señor los estaba llamando a llevar a cabo. Creo que este paso de honor fue tremendamente fundamental en el espíritu y definitivamente sucedió algo esa mañana.

Aunque no sé si todos los pastores presentes de verdad tenían la visión para los niños o si de verdad creían que serían utilizados de manera significativa, ellos fueron lo suficientemente amables en extender su bendición. Después de meses de compartir la visión y de proclamar lo que Dios podía realizar a través de los niños, muchos de los pastores de la ciudad se habían unido en apoyo a los niños y estábamos contribuyendo como podíamos. Estos pastores les entregaron una gran llave de madera a los niños, como una acción profética, abriéndoles paso para tomar las llaves espirituales de la ciudad e invitarlos a hacer lo que Dios había puesto en su corazón. ¡Qué hermoso momento fue aquel!

Esa tarde, todos los niños regresaron a sus iglesias para prepararse para el siguiente día. Yo me encontraba caminando por la ciudad y decidí detenerme en una iglesia llamada Deliverance Church, la cual estaba involucrada en el sitio. Debido a que se encontraba en una perfecta ubicación, muchos niños se habían reunido ahí para los entrenamientos y los tiempos de oración. De hecho, esta iglesia era el centro de entrenamiento de oración para todos los niños de doce iglesias distintas.

Muchos de los niños habían estado participando en un ayuno de una semana completa y se habían reunido en esta iglesia para orar y adorar. Yo pude escuchar a los niños cuando pasaba por ahí y decidí entrar. Me senté en la parte trasera de la iglesia, disfrutando cada momento mientras veía danzar y adorar a los niños con toda su fuerza en la plataforma. De pronto, sucedió una locura. Una serpiente venenosa cayó de las vigas superiores sobre el púlpito, cerca de donde los niños estaban danzando.

Todos gritaron y saltaron (incluyéndome, ¡ay!) y un asombroso hombre valiente que estaba sentado al frente brincó, la aplastó y la arrojó afuera. Cuando mi corazón finalmente dejó de latir aceleradamente, fue claro que esa era una figura. La serpiente representaba al "hombre fuerte" de la desunión que caía mientras los niños eran bendecidos y soltados para tomar su lugar en la ciudad, al desatarse la unidad generacional.

Creo que el hecho de que la serpiente cayera mientras los niños dirigían la adoración fue significativo. Asombrosamente, una de las pequeñas que estaban presentes ese día, antes tuvo un sueño en el que vio que una serpiente caía del cielo y se quebraba en pedazos sobre la tierra. Ella compartió el sueño con otros niños y sus líderes, y declararon proféticamente que caería la serpiente. ¡Celebramos y danzamos más todavía! Supimos que la victoria era nuestra, que Dios estaba con nosotros y que había caído el hombre fuerte de la división!

## LOS NIÑOS DE BUNGOMA PARA JESÚS

A la mañana siguiente comenzamos nuestro sitio de siete días. No estábamos seguros de cuántos niños llegarían para participar, ¡pero sabíamos que los niños que irían eran amantes apasionados de Jesús y estaban llenos de fe! Los niños brillaban. Muchos de ellos vestían playeras iguales y llevaban pequeños letreros hechos en casa con frases como: "Los niños de Bungoma para Jesús", o: "Jesús es Señor". Mi corazón rebozaba de orgullo por estos hermosos niños. ¡Yo podía sentir el gozo y el placer absolutos del Padre por ellos y por su fe!

Comenzábamos en las mañanas enviando equipos de niños por toda la ciudad. Un día visitamos escuelas. Los niños compartieron el amor de Jesús con otros niños, ministrando esperanza y vida, y llevaron a muchos niños a Jesús. Fueron a las oficinas de la policía y ministraron a los oficiales y a sus familias. Muchos de los oficiales de policía fueron salvos y sanados, y encontraron amor y libertad a través de la ministración de los niños. Bendijeron los negocios y ministraron a los dependientes. Incluso fueron de puerta en puerta amando a todo aquel que encontraban.

Una mañana enviamos a 124 niños a dirigir la evangelización callejera. Les dimos algunas instrucciones básicas, oramos por ellos y los ungimos para llevar a cabo la tarea. Muchos llevaban tarjetas donde anotaban a quienes aceptaban a Jesús y les asignamos a varios adultos para interceder y proporcionarles seguridad. ¡La respuesta fue fenomenal! En uno de los grupos, tres niños (dos niñas y un niño) se acercaron a un grupo de mujeres que vendían verduras. Los niños les ministraron el evangelio a esas mujeres con una pasión, audacia y seguridad excepcionales.

Entonces los niños preguntaron si alguna de las mujeres deseaba recibir a Cristo como su Salvador. Ellas fueron visiblemente conmovidas y una mujer cayó inmediatamente de rodillas y comenzó a llorar fuertemente. Los niños se asustaron porque no esperaban que llorara. De pronto, un hombre se acercó, intentando descifrar lo que estaba sucediendo. Pero uno de los líderes adultos se acercó y le explicó a la multitud que rodeaba a la mujer, que ella estaba llorando por arrepentimiento de sus pecados.

La multitud continuó mirando mientras los niños dirigían a la mujer en una oración de salvación y, después de eso, tres personas más de la multitud se unieron y deseaban ser salvos también. Fue un momento muy especial en la calle ese día y el fruto que recogimos fue increíble. En unas cuantas horas, esa mañana registramos que más de 250 personas tomaron la decisión de seguir a Cristo y sucedieron diecinueve sanidades en la calle.

Además de ello, enviamos a un equipo de niños a cada hospital y a un centro de salud de la ciudad, ¡las historias de sanidad fueron asombrosas! A continuación un vistazo de lo que sucedió en los hospitales esa semana.

Mientras nuestro equipo de niños acompañados por algunos adultos entraron en un hospital en particular, varios de los niños tuvieron una visión clara en la que vieron lo que parecía ser un "animal demoníaco" sentado en una de las camas de hospital. Ellos fueron conmovidos por lo que vieron e inmediatamente comenzaron a orar. Uno de los niños sintió que Dios les estaba mostrando que "una fortaleza de muerte" se encontraba en el lugar y el animal representaba esa fortaleza. Después de un tiempo de oración, los niños se preocuparon más, porque la criatura no se marchaba. Nuestro equipo comenzó a preguntarle al Padre qué debían hacer y uno de los niños dijo: "No se va, porque tiene el derecho de estar aquí, pero Dios dijo que si adoramos, este se irá".

Eso es exactamente lo que hicieron. Los niños comenzaron a cantar y adorar, y a llenar el cuarto de hospital de alabanza. En cuestión de momentos, todos los niños vieron al mismo tiempo que el animal se convirtió en una "mujer hindú" y salió corriendo por la puerta. Los niños la persiguieron por la puerta y ella "desapareció" una vez afuera. Los niños danzaron y vitorearon, y entonces comenzaron a orar por los pacientes del hospital. Ese día sucedieron muchas sanidades, ¡la atmósfera estaba completamente abierta para la sanidad!

La parte más asombrosa es que después de que echaron fuera a esta fortaleza de muerte, hubo una drástica reducción de muertes en ese hospital. Nosotros pudimos registrar el número de muertes en ese hospital durante un año después de eso. La gente estaba sorprendida de la importante diferencia y sabía que Dios había llevado a cabo algo especial. La muerte es normalmente un suceso diario en los hospitales de los países de tercer mundo, ¡de manera que eso es verdaderamente una señal y un prodigio! Este no fue el único milagro que sucedió en este hospital. Cuando lo visitamos por primera vez, todo el complejo se encontraba destartalado, sucio y tenía condiciones de trabajo peligrosas. Los enfermeros temían que las grietas de las salas causaran que parte del edificio se colapsara sobre ellos. Después de que los niños lo visitaron y oraron, y de que la atmósfera espiritual cambiara, también hubo un cambio drástico en el ambiente natural. Al poco tiempo, el gobierno autorizó la completa renovación del hospital y hasta este día, se encuentra limpio, seguro y completamente modernizado. El cambio espiritual produjo el cambio físico de ese lugar.

Estábamos encantados con la manera en que Dios se estaba moviendo en este hospital, y era solo uno de los tantos lugares que los niños habían visitado. Yo personalmente ayudé a dirigir el grupo de niños que asistieron al hospital gubernamental grande, el Bungoma District Hospital. Este hospital es el más grande y poblado de la región. Después de nuestra primera experiencia en el hospital con Richard y el equipo, mis expectativas se dispararon al cielo. Yo estaba confiada de que Dios iba a hacer cosas asombrosas ese día. Nos dividimos entre seis salas. Una sala era para mujeres, una era para hombres, en una había niños, en otra prisioneros, etcétera. Pero había una sala que se grabó para siempre en mi memoria. Esta sala era para los peores casos, básicamente era la sala de la muerte. Había gente hermosa en las últimas etapas del SIDA y otras enfermedades horribles. El cuarto estaba lleno de pacientes en estado terminal a quienes no les habían dado mucha esperanza. De hecho, no era raro encontrar un cuerpo muerto recostado en el cuarto que no había sido sacado todavía.

Ese fue el caso el día que fuimos con los niños. Los niños estaban tan abrumados como yo lo estaba, pero estaban muy llenos de fe y de expectativa. Pasamos un tiempo grandioso amando y hablando a la vida de cada paciente. Pudimos llevar a muchos al Señor y fuimos muy bien recibidos en cada una de las salas. Aunque vimos a gente ser salva y a algunos testificar que se estaban sintiendo "un poco mejor", yo estaba muy insatisfecha. ¡Estaba esperando milagros disparatados y deseaba más que solo "un poco mejor"!

Mientras salíamos del hospital, una hermosa niña de grandes ojos cafés que iba caminando de la mano conmigo, me miró y dijo: "¿No fue asombroso?". Mi corazón se sentía pesado y de verdad me encontraba batallando con la desilusión, de manera que su pregunta me tomó por sorpresa. Intentando esconder mi discusión interna con Dios, sonreí y dije: "Sí, dime qué fue lo asombroso de eso". Ella me miró con sus ojos brillantes y su rostro maravillado, y dijo: "Para mañana, ¡toda esa gente estará sana!". Fue uno de los momentos en que descubrí la realidad de cuán patética y sin fe me encontraba.

Yo deseaba una fe como la de esta niña. Mis ojos se llenaron de lágrimas. Le sonreí y dije: "Sabes qué, cariño, ¡tienes razón! Para mañana, toda esa gente estará sana". Instantáneamente recordé el versículo de Marcos 16:17 que dice: "Y estas señales *seguirán* a los que creen" (énfasis añadido). Yo podía lidiar con eso. Las señales pueden surgir en cualquier momento después de habernos marchado. Yo puse en paz mi espíritu y le permití a Dios llevar a cabo todo lo que Él deseara.

Continuamos con nuestras actividades del día y Patrick, mi querido amigo pastor, recibió a primera hora de la mañana una llamada del personal administrativo del hospital pidiéndole que fuera inmediatamente al hospital. Unas cuantas personas de nuestro equipo se dirigieron al hospital para reunirse con uno de los miembros principales del hospital y con toda seriedad el hombre preguntó: "¿Quién es este Dios al que le oran?". Él estaba conmocionado y abrumado, y con apenas una breve explicación, comenzó a llevar a algunos de nuestro equipo a cada una de las salas.

Las palabras no pueden expresar la belleza y el gozo que había en esos cuartos, ¡estaban vacíos! De las seis salas, solamente dos tenían unas cuantas personas. ¡El resto estaban vacías! ¡Dios los había sanado! Muchos niños que estaban sufriendo de malaria y de tifoidea estaban completamente sanos. Los pacientes con SIDA, de pronto despertaron en la noche sintiéndose perfectamente bien. Solamente se levantaron de su cama, anunciaron que habían sido sanos y se marcharon a casa.

¡Algunos de los médicos y los enfermeros estaban completamente abrumados y emocionados! Ellos sabían que estas cosas no eran médicamente posibles. Algo sobrenatural había sucedido. Muchos de ellos solo lloraron mostrando las camas vacías y contando sus historias. Escuchamos historia tras historia de cómo los pacientes de pronto se sintieron bien, empacaron sus cosas y se marcharon. ¡Asombroso! ¡Alucinante! ¡Hermoso! ¡Jesús es tan *asombroso*! La enfermera principal de toda la región se encontraba ahí ese día y estaba tan conmovida con lo que Dios llevó a cabo, que se fue a entrenar a otras enfermeras para que les dieran "sanidad verdadera" a los pacientes cuando estos eran admitidos en el hospital. Esa preciosa mujer continúa hasta ahora en nuestro consejo de directores en Kenia y continúa llevando la visión de los niños que se mueven en lo sobrenatural.

Hubo una paciente en particular que me impactó grandemente. Ella se encontraba en las últimas etapas del SIDA y estaba muriendo. Nosotros pudimos llevarla al Señor y le dejamos una Biblia. Preguntamos por ella cuando regresamos al siguiente día y ella fue una de las pacientes que de pronto anunció esa noche que se encontraba completamente bien. Se levantó de su lecho de muerte, empacó sus cosas y se marchó a casa. Pudimos localizarla y descubrimos que en una semana estaba de vuelta en la universidad completamente bien, ¡dándole la gloria a Dios!

Patrick, mi amigo pastor, regresó al hospital una semana después para una visita de seguimiento. Era temprano por la mañana y él, junto con otros miembros de este equipo, se encontraban en la Sala Dos hablando con una de las enfermeras que habían estado de guardia esa noche. Ella dijo que el encargado de la morgue había entrado preguntando si había "clientes". La enfermera miró a su alrededor y le dijo al hombre que no había clientes y que ella no esperaba a ninguno pronto, porque no había señales de que llegarían. La enfermera le explicó entonces a Patrick que los "clientes" por los que preguntaba el hombre, eran los muertos. Ella dijo que durante tres días el encargado de la morgue había estado recorriendo las salas buscando muertos, pero no había encontrado ninguno. Había sucedido un milagro y ahora al hombre le preocupaba perder su empleo. Patrick supo más tarde que algunos de los encargados de la morgue se referían a los muertos como clientes, porque su empleo dependía de la tasa de muerte del hospital.

¡Este es nuestro Dios! ¡Nuestro Dios está vivo, Él es poderoso, Él es amoroso y Él es bueno! Ese director del hospital estaba impactado y abrumado por esta clase de Dios. No tuvimos que convencer a la gente que fuera salva, ¡su corazón no podía resistirse ante Dios!

Tras haber visto tantos milagros en los hospitales, los niños continuaron visitándolos y llevando sanidad incluso después de que terminó la misión. Los niños habían estado visitando el hospital privado más grande de la ciudad durante varias semanas, cuando recibimos una llamada de la jefa de las enfermeras. La jefa de las enfermeras, quien era cristiana, dijo: "¡Gracias por continuar enviando a los niños! ¡Muchas personas continúan siendo sanadas todos los días!".

Ella nos informó que un grupo de niños, de hecho, ¡había

estado asistiendo todos los días durante el almuerzo de la escuela y Dios se estaba moviendo poderosamente! Nos emocionamos con la noticia. Entonces, a modo de broma nos dijo: "Bueno, lo que Dios está haciendo es grandioso, pero si esto continúa sucediendo, ¡ustedes tendrán que orar para que encontremos nuevos empleos!".

Bueno, como era de esperar, los niños continuaron visitando el hospital todos los días en su almuerzo durante los siguientes dos meses. Asombrosamente, la gente estaba siendo sanada todo el tiempo y generalmente antes de que un médico los revisara.

Nunca olvidaré el día en que recibí un mensaje de Patrick que decía que había llamado la jefa de las enfermeras del hospital. Ella deseaba que fuéramos los primeros en saber que tanta gente estaba siendo sanada a través del ministerio de los niños, que el hospital había recibido un tremendo golpe económico e iba a cerrar. ¡La sanidad se había hecho tan común que ya no se necesitaba el hospital! Aunque estaba triste por perder su empleo, ¡la jefa de las enfermeras del hospital estaba encantada de ver el poder de Dios obrando a través de los niños!

Mientras los niños continuaron contendiendo por un fruto duradero en su ciudad, había otro centro de salud que continuaban visitando y por el que oraban regularmente. Este centro de salud particular era conocido por ser un lugar donde niñas en edad escolar y mujeres asistían para practicarse abortos. Los niños oraron fervientemente por que ese lugar cerrara y, como era de esperarse, ¡en dos meses cerraron las instalaciones y se convirtió en un restaurante!

## Liberar lo que Dios siente por la nación

Bueno, de vuelta a la historia del sitio de siete días. Las actividades matutinas de alcance fueron solo el comienzo. Qué inicio, ¿verdad? Después de cada actividad matutina de alcance, los niños se reunían en varios lugares de toda la ciudad para comenzar con su caminata diaria a través de la ciudad. Todos los niños se reunían en el centro de la ciudad y caminaban por las calles principales de la ciudad. Qué espectáculo. ¡Más de tres mil niños asistieron para caminar por las calles y declarar que su ciudad le pertenecía a Jesús! Ondeaban sus banderas, llevaban sus letreros, cantaban, danzaban, profetizaban y hacían declaraciones de vida sobre Bungoma. Tres mil gloriosas voces cantaron al unísono una y otra vez: "Los niños de Bungoma para Jesús. ¡Aleluya!".

Teníamos un camión que iba delante de la multitud con un megáfono grande detrás. Cuando los niños escuchaban que el Señor compartía una promesa para la ciudad, ellos se subían al camión y profetizaban con el megáfono, y todos los niños gritaban con ellos. Tengo algunos de los mejores videos de estas caminatas: multitudes de niños llenos de amor y de fe irrumpiendo en las calles. Todos los negocios "normales" tuvieron que cerrar. Los coches no podían pasar. La gente se alineó en las calles y lo absorbió todo. Los niños estaban cambiando el ambiente espiritual de la ciudad y la gente podía sentirlo. Era tan poderoso e importante, y todo esto surgió de un sueño estratégico que el Señor le había dado a un pequeño niño y de la fe y la obediencia de los niños.

Cada tarde después de la caminata, los niños se juntaban en un campo grande de fútbol en medio de la ciudad, donde habían montado un gran escenario con sistema de audio para la cruzada al aire libre. Cada día, los niños cantaban sus alabanzas, danzaban con gozo, predicaban con total libertad y traían a la gente de la ciudad a recibir salvación, sanidad y liberación. La multitud se juntó alrededor y Dios se movió poderosamente en medio de nosotros. Hacia el final de la semana, los adultos que trabajaban con nosotros estaban evidentemente cansados, pero la fuerza de los niños parecía crecer cada día. Nosotros estábamos asombrados de la manera en que los niños parecían fortalecerse, hacerse más sabios, audaces, hablar más fuerte y sus prédicas eran más poderosas, y su autoridad parecía aumentar. ¡Ellos superaron las expectativas de todos!

Hicimos una regla de que ningún niño podría pararse detrás del púlpito a menos que sus pastores estuvieran presentes en la reunión. Un grupo particular de niños que sintieron genuinamente que tenían una palabra del Señor, estaban desilusionados, porque su obispo no había estado asistiendo. Ellos decidieron ir a su casa y acampar, exigiéndole que fuera con ellos a la cruzada. Ese grupo particular de niños llegó tarde a la cruzada, pero llegaron brillando y confiados, ya que su pastor estaba caminando con ellos, cantando y declarando: "¡Aleluya! ¡Hosana! ¡Los niños de Bungoma para Jesús!".

Después de ver que los niños eran utilizados tan poderosamente, muchos pastores comenzaron a pedir que enviáramos a un grupo de niños a sus iglesias para ministrar. Hasta hoy, ¡muchos de los niños que ministraron durante este sitio continúan siendo ministros poderosos del evangelio! Uno de los momentos más impactantes para mí fue ver a un puñado de pastores llorando en el altar, arrepintiéndose ante el Señor por no valorar a estos niños antes. La presencia de Dios era tan fuerte y evidente que los niños no necesitaban crecer antes de ser usados poderosamente. Dios estaba marcando un precedente en la ciudad: el Reino de Dios se estaba acercando a Bungoma y se estaba acercando a través de estos niños.

Muchos de los pastores comenzaron a arrepentirse por su división y por juzgarse los unos a los otros, al ver que los niños de todas las iglesias de la ciudad trabajaban y servían juntos. Los niños no conocían división y estaban mostrando lo que podía llevarse a cabo en un espíritu de unidad. ¡Los pastores se conmovieron tanto con eso, que poco tiempo después llevaron a cabo una reunión pública en la que se arrepintieron de su división y se lavaron los pies unos a otros! ¡Esto fue histórico en Bungoma!

¡Esta ciudad fue transformada después de siete días! Hubo un cambio claro en la atmósfera espiritual. Este fue el comienzo de la transformación de la región. Durante los siguientes meses y años, los niños de toda la región fueron entrenados en el "evangelio puro". Miles de niños recibieron el poder de encontrarse con Dios y convertirse en las voces del cambio de sus comunidades. Cuando Bungoma finalmente resaltó en el mapa, fue conocida por su unidad y por ser una voz para los niños. Otras comunidades deseaban lo que Bungoma había experimentado. Los niños de Bungoma se convirtieron en una inspiración para muchos.

Este acontecimiento de siete días sucedió en 2002. Desde ese tiempo el fruto de lo que esos niños sembraron en el espíritu continua creciendo. Dos veces desde entonces, los principales funcionarios y líderes de gobierno de todas las esferas de la sociedad, han llenado el lugar más grande de Bungoma (un estadio de fútbol) para escuchar la Palabra del Señor y las estrategias para la nación que Dios les estaba dando a los niños. El acontecimiento ha sido transmitido en televisión nacional. Los líderes nacionales han acudido a los niños buscando su sabiduría y su perspectiva, porque es evidente que ellos poseen la sabiduría del cielo. Mi esposo y yo tuvimos el privilegio de estar presentes en el primer evento de este tipo. Para nuestro asombro, llegó una caravana de importantes funcionarios musulmanes para escuchar a los niños. ¡Estábamos asombrados! Uno de los pastores preguntó: "¿Por qué han venido? Saben que estos niños son cristianos". El líder principal respondió: "Lo que estos niños están llevando a cabo va más allá de la religión. Ellos están cambiando a la sociedad, así que debemos apoyarlos".

¡*Caramba!* Si ese no es un testimonio del poder de Dios, ¡no sé qué es entonces! Los niños transmitieron lo que Dios siente por la ciudad acerca de los problemas de justicia y moralidad, y la nación escuchó. Ellos defendían a los niños en riesgo y compartían la esperanza y las estrategias que Dios les había dado. Ese fue un momento formidable. Esta era Bungoma, una ciudad pequeña que parecía no valorar a los niños poco tiempo antes. La justicia del cielo se había acercado y restaurado a los niños a un lugar increíble de honor y valor en la comunidad y en la nación.

Un verdadero espíritu de unidad generacional había surgido y, mano a mano, los niños de Bungoma abrieron algo espiritual para los niños de todo el mundo. Dios no está buscando a alguien que tenga todo bajo control o que tenga todas las respuestas. Dios está buscando amigos. Dios no está buscando alguien grande y poderoso. Dios está buscando a alguien con la fe de un niño. Y Él siempre lo encontrará. Él siempre encontrará a un amigo. Él siempre encontrará a alguien con fe como la de un niño, mientras existan niños en la Tierra.

Bungoma fue el lugar donde Dios me despertó a las posibilidades de lo que podía hacer con los niños. Bungoma fue el lugar donde supe que necesitaba emprender en un viaje para descubrir el evangelio puro. Bungoma me cambió y ese solamente fue el comienzo. Ahí, yo había experimentado algo que sabía que Dios deseaba llevar a cabo en todos lados. Me quedé profundamente impactada por el poder de la bendición y la unidad generacional, y sabía que era la clave para irrumpir en las cosas más profundas de Dios. Me hice profundamente consciente de que si el Cuerpo de Cristo alguna vez le mostrará el evangelio puro al mundo, los padres y los hijos deben aprender a caminar juntos.

Patrick Siabuta fue uno de los primeros pastores en Bungoma en obtener una visión de lo que Dios podía llevar a cabo a través de los niños y comenzó a entrenarlos para orar por los enfermos y alcanzar su ciudad para Jesús.

Los niños de Bungoma oraron con una fe y una expectativa tales de que Dios podía moverse en su ciudad.

Antes de la misión de siete días, los pastores les entregaron una grande llave de madera a los niños como un acto profético, dándoles libertad para llevar las llaves espirituales a la ciudad.

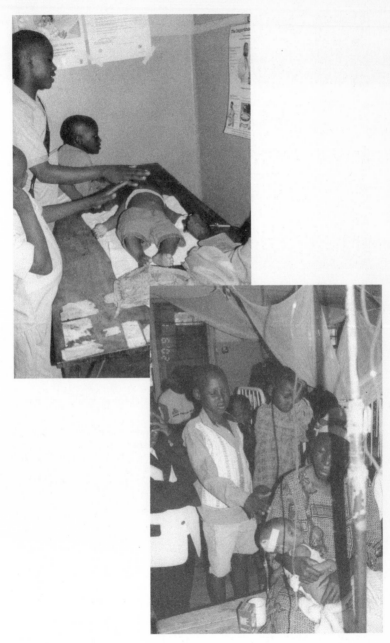

Vimos increíbles milagros cuando los niños de Bungoma
fueron a los hospitales y oraron por los enfermos.

# PARTE DOS
# EL ENCUENTRO

*Lo que ha sido desde el principio, lo que hemos oído, lo que hemos visto con nuestros propios ojos, lo que hemos contemplado, lo que hemos tocado con las manos, esto les anunciamos respecto al Verbo que es vida. Esta vida se manifestó. Nosotros la hemos visto y damos testimonio de ella, y les anunciamos a ustedes la vida eterna que estaba con el Padre y que se nos ha manifestado. Les anunciamos lo que hemos visto y oído, para que también ustedes tengan comunión con nosotros. Y nuestra comunión es con el Padre y con su Hijo Jesucristo. Les escribimos estas cosas para que nuestra alegría sea completa.*

—1 Juan 1:1–4

# DISEÑADOS PARA ENCUENTROS

N O EXISTE UN gozo mayor que ver a un niño encontrarse con la realidad y la belleza del Dios vivo. Dios no está distante. Dios no está escondido. Es su gozo y su deleite revelársele a la humanidad. Él está tan apasionado por conectarse con nosotros, por tener una relación verdadera, una amistad verdadera, una conversación verdadera; y Él nos persigue continuamente y nos lleva a esa conexión, porque es la única razón por la que existimos. Santiago 4:8 dice: "Acérquense a Dios, y él se acercará a ustedes". No sé usted, ¡pero este versículo siempre me emociona! Dios le da su invitación a la humanidad. Si nosotros nos acercamos a Él, ¡Él se acercará a nosotros! Él desea ser visto, conocido y encontrado.

Los niños están preparados para encontrarse con Dios. Su pureza y su simpleza les abren las puertas hacia un plano del que durante años, muchos de nosotros hemos aprendido a desconectarnos. Cuando estaba embarazada de mi primer bebé leí todos los libros de embarazo que había. Me asombró encontrar que las investigaciones han descubierto que los bebés pueden soñar en el vientre. Eso me pareció alucinante. Un bebé que vive en un ambiente completamente oscuro, que nunca ha tenido ninguna experiencia, sueña. ¿Qué sueñan los bebés? Nunca han visto nada. Nunca han experimentado nada. ¿O sí?

Señor, tú me examinas, tú me conoces. Sabes cuándo me siento y cuándo me levanto; aun a la distancia me lees el pensamiento. Mis trajines y descansos los conoces; todos mis caminos te son familiares. No me llega aún la palabra a la lengua cuando tú, Señor, ya la sabes toda. Tu protección me envuelve por completo; me cubres con la palma de tu mano. Conocimiento tan maravilloso rebasa mi comprensión; tan sublime es que no puedo entenderlo.

¿A dónde podría alejarme de tu Espíritu? ¿A dónde podría huir de tu presencia? Si subiera al cielo, allí estás tú; si tendiera mi lecho en el fondo del abismo, también estás allí. Si me elevara sobre las alas del alba, o me estableciera en los extremos del mar, aun allí tu mano me guiaría, ¡me sostendría tu mano derecha! Y si dijera: "Que me oculten las tinieblas; que la luz se haga noche en torno mío", ni las tinieblas serían oscuras para ti, y aun la noche sería clara como el día. ¡Lo mismo son para ti las tinieblas que la luz!

Tú creaste mis entrañas; me formaste en el vientre de mi madre. ¡Te alabo porque soy una creación admirable! ¡Tus obras son maravillosas, y esto lo sé muy bien! Mis huesos no te fueron desconocidos cuando en lo más recóndito era yo formado, cuando en lo más profundo de la tierra era yo entretejido. Tus ojos vieron mi cuerpo en gestación: todo estaba ya escrito en tu libro; todos mis días se estaban diseñando, aunque no existía uno solo de ellos. ¡Cuán preciosos, oh Dios, me son tus pensamientos! ¡Cuán inmensa es la suma de ellos! Si me propusiera contarlos, sumarían más que los granos de arena. Y si terminara de hacerlo, aún estaría a tu lado.

—Salmo 139:1–18

Hay muchas cosas que me encantan de este pasaje. Primero que nada, ¡Dios está muy armonizado con nosotros! Él conoce absolutamente cada detalle de nosotros y Él ha sabido cada una de esas cosas únicas antes de que naciéramos. No solamente nos conoce completamente, sino que este pasaje nos demuestra que Dios anhela estar cerca de nosotros.

"Tu protección me envuelve por completo" (v. 5).

"Me cubres con la palma de tu mano" (v. 5).

"¿A dónde podría alejarme de tu Espíritu? ¿A dónde podría huir de tu presencia? [...] aun allí tu mano me guiaría, ¡me sostendría tu mano derecha" (vv. 7 y 10).

¡La presencia de Dios, su Espíritu es ineludible! Dios está apasionado por estar cerca de nosotros. Dios desea que tengamos un encuentro con Él. Es por ello que Jesús fue a la cruz: para que la humanidad nunca estuviera separada del amor de Dios y de su presencia. El cielo está motivado por un deseo de amar y conectarse con la humanidad. En los versículos 13—16, vemos cuan presente, cuan cercano y cuan involucrado está Dios con cada persona, mientras que está en el vientre. Él enteteje cada parte intricada de quienes somos en el lugar secreto.

No solamente eso, sino que Dios también escribe una historia para cada uno de nosotros antes de que nazcamos. Él sueña una historia hermosa para nuestra vida, mientras nos moldea en la oscura y silenciosa matriz. ¡Eso es *asombroso*! Yo le digo todo el tiempo a la gente: "El aburrimiento es una elección". Si usted está aburrido de su vida, no es culpa de Dios. Dios, el Creador supremo, el Rey de la creatividad, ha soñado con una asombrosa jornada de aventura de amor para usted, y Él escribió esta asombrosa historia mientras que usted se encontraba en el vientre de su madre.

Nosotros, al ser las criaturas poderosas y libres que somos, tenemos el poder de elegir nuestro destino. Podemos ir por la vida sosteniendo el volante y convirtiéndonos en el producto de nuestras circunstancias y elecciones. O podemos aprender a caminar en unión con Dios y vivir el hermoso sueño que Él tiene para nuestra vida. ¡Le garantizo que el Creador supremo no escribió una historia aburrida, sin poder y deprimente para usted!

Una de mis partes favoritas del Salmo 139 se encuentra en los versículos 17 y 18:

> ¡Cuán preciosos, oh Dios, me son tus pensamientos! ¡Cuán inmensa es la suma de ellos! Si me propusiera contarlos, sumarían más que los granos de arena. Y si terminara de hacerlo, aún estaría a tu lado.

¡Los pensamientos de Dios para nosotros son asombrosos! No tienen fin. Y Dios tiene estos pensamientos mientras estamos todavía en el vientre. Dios está tan presente. Somos objeto de su amor y de su afecto. Él nos rodea. Nos envuelve en su presencia y sopla vida en nosotros, todo mientras estamos todavía en el vientre. Los bebés son alimentados y sumergidos en la presencia de Dios mientras están en el vientre. Todo lo que conocen es espíritu. Su cuerpo todavía está siendo formado, pero su espíritu está rodeado de la presencia de Dios. ¡Eso es asombroso!

Entonces, ¿qué sueñan los bebés? Soñar es una manera en que el cerebro procesa información. Los bebés en el vientre tienen cantidades grandes de información qué procesar cuando interactúan con la presencia de Dios y son formados en su vida y su bondad. Están absorbiéndolo todo y aprendiendo a "procesar" la actividad espiritual.

Me encanta el final del versículo 18: "Despierto, y aún estoy contigo". Ya sea que "despierto" se refiera a despertar del sueño o a "cuando nazca", la promesa permanece. Dios está diciendo:

"Continúo estando contigo". Nosotros estamos con Él y nada cambia.

Una vez que nacemos, la búsqueda del cielo por nosotros no acaba. Sus pensamientos sobre nosotros no cambian. Su deseo de estar cerca de nosotros nunca termina. Su presencia que nos rodea no cambia. Y su asombrosa historia de amor para nuestra vida, no cambia.

¿Qué sucedería si desde el nacimiento enseñáramos a nuestros hijos cómo continuar viviendo de su espíritu? ¿Qué sucedería si alimentáramos su sensibilidad y los equipáramos para que nunca perdieran su discernimiento? ¿Qué sucedería si nos negáramos a menospreciar lo que ellos vieron y experimentaron llamándolo "imaginación" y en cambio, los lleváramos a pensar en ver y experimentar las cosas del espíritu como "normales"? Como dice Mateo 5:8: "Dichosos los de corazón limpio, porque ellos verán a Dios"

## MALAIKA, ¿QUÉ VES?

Cuando nació mi primera hija, yo siempre estaba intrigada al ver sus ojos revolotear por el cuarto cuando miraba con fascinación algo invisible. Esto sucedía muy seguido. Nunca olvidaré el momento en que ella tenía alrededor de catorce meses y estaba sentada en mi regazo una tarde en nuestra sala de estar. De pronto, sus ojos comenzaron a revolotear de nuevo por toda la habitación. Con gran fascinación en su rostro, ella apuntó hacia el techo y se quedó muy quieta, apenas moviéndose durante casi quince minutos. (Ahora, padres, saben que cuando un bebé de catorce meses se queda quieto tanto tiempo, ¡algo sobrenatural debe estar sucediendo!). Ella miraba a su alrededor y sonreía, y entonces sus ojos se abrían más. Ella parecía estar muy seria.

Me senté ahí asombrada y podía sentir la presencia de Dios en la habitación. Después de un tiempo le susurré: "Malaika, ¿qué ves? ¿Qué está haciendo Dios? ¿Puedes mostrarle a mamá lo que están haciendo los ángeles?". Yo no esperaba que mi hija de catorce meses realmente comprendiera la pregunta, pero genuinamente sí tenía la esperanza. Malaika rápidamente se volteó hacia mí, con una mirada muy seria en su rostro, sus ojos continuaban siguiendo algo que yo no podía ver. Extendió una de sus pequeñas manos, la puso sobre mi cabeza y comenzó a orar. Ella comenzó a orar en silencio con sonidos y palabras que yo no la había escuchado pronunciar antes. Me asombré de la presencia de Dios. Todo lo que podía hacer era llorar.

Ella continuó orando por mí de esa manera durante varios minutos. Al hacerlo, olas de la presencia de Dios me inundaban. Entonces comenzó a mover mi cuerpo por todos lados mientras miraba algo más, como si estuviera escuchando órdenes de alguien. En algún punto, tomó mi mano y la puso sobre mi corazón. Entonces levantó mis brazos y finalmente hizo un movimiento para que yo me colocara en el piso con ella; ella deseaba que me arrodillara. Fue la cosa más extraña, pero después de cada movimiento, yo sentía que la presencia de Dios aumentaba en una manera nueva.

¡Toda la experiencia duró cerca de treinta minutos y al final quedé transformada! Me asombró el hecho de que mi pequeña bebé reconociera la actividad de Dios en la habitación antes que yo y que no solamente lo experimentara, ¡sino que también me llevara a un encuentro! En los meses siguientes, Malaika oraba todo el tiempo por la gente que conocía. Ella les imponía manos a las personas en la tienda, caminando por la calle, dondequiera que iba. Una vez, a la edad de tres años, ella convenció a una mujer en el aeropuerto que se arrodillara y la mujer lloró mientras Malaika oraba por ella. ¡Ese encuentro la empoderó! Cada vez que oraba por la gente, ellos experimentaban a Dios, a menudo a través de lágrimas mientras eran envueltos por su presencia.

Mi oración es que al leer estas historias, usted sea llevado a tener su propio encuentro con Jesús. Él está cercano y anhela entrar en su mundo ahora mismo. Tal como Malaika me llevó hacia un encuentro con Dios, que estos niños sirvan como precursores que lo lleven hacia un nuevo nivel de encuentro. ¡Qué haya toda una generación de niños que nos lleven a tener nuevos encuentros con Dios!

# UNA INVITACIÓN RADICAL

A L POCO TIEMPO de casarnos, mi esposo y yo
estábamos ministrando a un grupo de niños cerca
de Kansas City, Missouri. Mi esposo, Jona, había
escuchado historias acerca de algunas de las cosas realmente
raras que yo había visto a Dios hacer con los niños, pero esta
era una de las primeras veces que podíamos experimentarlo
juntos. Después de dos días de ministrar a este grupo
particular de niños, algo estalló en la habitación. Realmente
no sé cómo explicarlo, pero Dios estaba en medio de nosotros.

La presencia de Dios se hizo tan tangible y varios niños
comenzaron a llorar, arrodillarse o recostarse. Comenzamos
a orar por los niños e invitamos al Espíritu Santo a llevar a
cabo lo que deseara. Muchos de los niños comenzaron a tener
visiones y estaban siendo dramáticamente tocados por Dios.
Fue como si un caos santo hubiera irrumpido en la habitación.
Sin haber planeado qué hacer en esos momentos, yo solamente
deseaba hacer espacio para que Dios realizara lo que deseara.
Recorrí la habitación silenciosamente, me arrodillé junto a
cada niño que estaba experimentando algo y susurré en su
oído: "¿Estás bien? ¿Estás llorando porque estás experimentando a Dios o porque estás asustado?".

La respuesta era la misma cada vez. Solo estaban abrumados
por la bondad y el amor de Dios. Dios se estaba moviendo
poderosamente en algunos niños en una manera que estaba

incomodando a algunas personas. Algunos niños estaban recostados en el suelo gimiendo y sacudiéndose violentamente. Con toda honestidad, eso me hizo sentir un poco incómoda. Estaba pensando: "¡Ay, los padres van a venir y se preguntarán qué les he hecho a sus hijos! ¡Se pondrán frenéticos!".

La belleza de lo que estaba sucediendo era innegablemente Dios. La presencia de Dios era tan intensa en esa habitación. Pasé más de dos horas solamente sentada, viendo a una pequeña niña de siete u ocho años recostada en el suelo, sacudiéndose bajo el poder de Dios, algunas veces llorando y otras riéndose. Estaba teniendo el encuentro más profundo de su vida. Ella estaba completamente en otro mundo. En ese punto, otra niña se había ido y los padres de la niña estaban sentados a mi lado, orando por ella. Estaban esperando, sin querer interrumpir este encuentro soberano.

Esta pequeña comenzó a tranquilizarse después de dos horas y media. Tomó un tiempo antes de que pudiera comenzar a hablar, porque continuaba sacudiéndose por su experiencia. Parecía como si brillara, se podía ver a Dios en ella. Ella comenzó a contarnos un largo y detallado relato de lo que había sucedido. Era muy detallado e intricado, y ella estaba visiblemente impactada, no hay forma de que un niño invente algo así.

Todo comenzó cuando hizo una breve oración: "Jesús, ¿me llevarás al cielo?". Ella dijo que lo siguiente que vio fue una moto acuática y al Señor diciéndole que subiera. Ella lo hizo. Desde ahí se vio llegando a otro plano. Ella se vio en el cielo. Comenzó a describir con su sencillo vocabulario lo que vio. "Primero, de este lado vi una cosa grande de agua, como un océano que parecía estar hecho de vidrio".

El Señor le dijo que entrara en el agua con Él. Él pasó un

tiempo "lavándola" y hablando con ella acerca de cosas en ella que estaba lavando: dolores, heridas y pecados. Entonces, la bautizó. De ahí, ella explicó con gran detalle un número interminable de cosas que vio, escuchó, olió y experimentó. Cada objeto era tan increíble y profundo, todos permanecimos sentados con asombro, simplemente escuchando. Ella describió el cielo como un erudito que hubiera estudiado las Escrituras durante años.

Después de su increíble tiempo de sanidad, liberación y bautismo, el Señor le dijo que tenía un llamado hermoso y santo para su vida. Derramó aceite sobre su cabeza y la ungió. Entonces le dijo: "Deseo mostrarte algo". La llevó a la cumbre de una montaña. Desde ahí, ella podía ver una gran nación. El Señor comenzó a compartirle muchos misterios y detalles acerca de esa tierra y de su gente. Él habló con ella acerca del gobierno, del sufrimiento de la gente y de la economía. Aunque ella se encontraba en lo alto de la montaña, de pronto pudo ver lo que el Señor le estaba diciendo. Mientras él estaba hablando, su vista se enfocó y pudo ver el interior de una habitación, un orfanato, un hospital, oficinas de gobierno, etcétera.

Ella dijo que eso sucedió cuando comenzó a llorar fuertemente, porque las cosas que vio rompieron su corazón. El lenguaje que ella estaba utilizando para explicar los eventos políticos y culturales que estaban ocurriendo eran extraños para una niña de esa edad. Era como si alguien la hubiera conectado con una enciclopedia o como si acabara de graduarse de la carrera de ciencias políticas. Desearía que usted hubiera podido ver el rostro de sus padres. El Señor le mostró tantas cosas específicas acerca de esa tierra, de lo que estaba sucediendo ahí, cómo orar y lo que Él deseaba hacer ahí.

Ella vio los misterios de esa tierra y escuchó lo que Dios sentía por ese lugar, durante más de dos horas. El Señor le dijo: "Voy a derramar mi Espíritu sobre esa tierra de nuevo y un día te enviaré ahí. Ahora, tu trabajo es orar por todas estas cosas que te he mostrado y, cuando llegue el tiempo, te enviaré". En esta experiencia, el Señor la comisionó (a los siete años) y le dijo que se preparara, porque un día, Dios la utilizaría poderosamente en esa tierra.

En ese punto, ella nos miró y dijo: "De hecho me dijo el nombre del país, pero nunca lo he escuchado, así que no sé si es real". Todos estábamos ansiosos por saber qué país le había mostrado a esta niña durante más de dos horas, la tierra por la que el corazón de ella estaba dolido, la tierra donde Él la había comisionado para llevar una transformación. Ella dudó. Entonces dijo: "¿Han escuchado de un lugar llamado Corea del Norte?".

Esta niña, sin siquiera saber que existía un lugar llamado Corea del Norte, recibió la revelación más precisa de cómo orar por el gobierno, la gente, las necesidades, la tierra y por avivamiento. Es como dice Mateo 11:25: "En aquel tiempo Jesús dijo: Te alabo, Padre, Señor del cielo y de la tierra, porque habiendo escondido estas cosas de los sabios e instruidos, se las has revelado a los que son como niños".

# UNA MARIPOSA, UN
# MILAGRO Y ÁNGELES

N 2003 TUVE una increíble oportunidad de ir a Sudán del Sur. Oficiales del sur escoltaron a mi equipo hacia la nación, para alcanzar a los miles de niños y adolescentes cuyas vidas han sido devastadas por años de horripilantes guerras. Debido a que esto sucedió antes del acuerdo de paz de 2005, las condiciones continuaban siendo muy hostiles y el nivel de temor y desesperación no se comparaba con nada que hubiera visto antes.

Algunos de los líderes importantes del gobierno provisional de Sudán del Sur eran cristianos y nos invitaron a compartir el evangelio con miles de niños y adolescentes. Fue una oportunidad increíble. Mi corazón se asombró instantáneamente con estos niños. Muchos de ellos habían perdido a uno o a ambos padres en la guerra. Todo lo que existió alguna vez para ellos, no existía más. Me mostraron lo que quedaba de lo que solía ser un hospital, una escuela, una aldea. Escuché historias que me arrancaron el corazón: niños viviendo en cuevas, gente teniendo que correr constantemente por su vida, ataques constantes, temor, destrucción y muerte.

Mientras una generación iba a la guerra para defender su libertad religiosa, otra iba a levantarse y a defenderse sola, y una gran cantidad de ellos nunca habían escuchado el evangelio que muchos de sus padres habían muerto por defender.

Sentí como si estuviera caminando en una tierra santa. Nos unimos con un grupo indígena que comenzó escuelas provisionales bajo árboles. Miles de niños se reunían en esos árboles, en un intento por recibir algún tipo de educación en medio de la guerra. Durante el día viajábamos a esas diferentes ubicaciones y cada día conocíamos a cientos de niños nuevos. Muchos niños recibían a Cristo, eran sanados y experimentaban el amor de Jesús por primera vez. ¡Era hermoso!

Debido a una inundación, un día no pudimos llegar al lugar designado para reunirnos con los niños. El río había cubierto literalmente la carretera que necesitábamos atravesar, de manera que tuvimos que regresar a nuestra base. El día siguiente recibimos la noticia de que alrededor de mil niños habían estado esperando cerca del gran árbol de mango, donde se suponía que los encontraríamos el día anterior. El mensaje que recibimos fue que les habían dicho a los niños que alguien iría para explicarles la verdad acerca de quien era Dios, de manera que esperaron y esperaron, y se negaron a irse hasta escuchar este mensaje.

Ahora, puede imaginarse lo que eso le hizo a mi corazón. Esos preciosos chicos habían estado sentados bajo un árbol durante casi dos días, desesperados por escuchar un mensaje de esperanza que podía salvarlos de su infierno viviente. El día siguiente era nuestro último día en Sudán y teníamos que cruzar la frontera hacia Uganda para tomar el vuelo. Después de perder muchas horas parados en la carretera inundada, nuestro conductor finalmente decidió intentar cruzar el río. Nerviosos y en oración, debido a que el agua subía hasta las ventanas, avanzamos lentamente a través del río y, gracias a Dios, pudimos continuar nuestro camino.

Nuestro plan era detenernos para visitar a estos niños mientras nos dirigíamos a la frontera. Recibimos instrucciones estrictas de tener que haber cruzado para las 5:00 p.m., o nuestra seguridad no podía garantizarse. Lamentablemente, nuestro cruce por el río nos atrasó y apenas teníamos tiempo de apresurarnos para cruzar la frontera. En todo lo que podía pensar era en esos preciosos niños sentados bajo ese árbol en el ardiente calor durante dos días, desesperados por conocer a Jesús. Aunque otras personas de nuestro grupo pensaban que debíamos enfocarnos en llegar al avión, yo sabía que definitivamente necesitábamos detenernos. Finalmente convencí a nuestro conductor de que se detuviera para ir con los niños solo algunos minutos.

Cuando nos detuvimos en el área donde los niños estaban esperando, ellos rodearon nuestro coche saludando moviendo ramas y cantando con mucho gozo. Ellos nos vieron llegar desde lejos y felices de que finalmente llegáramos. Nos quedamos sin palabras. Cuando salimos del carro, los niños nos dieron regalos y huevos para comer, y entonaron canciones que habían preparado para nosotros. Les compartimos las buenas nuevas ese día y según lo que sé, cada uno de ellos levantó su mano, ansioso por recibir a Cristo. Nuestros cinco minutos se convirtieron en casi una hora, pero fue una de las mejores horas de mi vida. Niños que vivían en uno de los lugares más oscuros de la tierra habían encontrado la luz. No necesito decir que nuestro corazón y el de ellos estaba rebosante de gozo, y la soberanía de Dios nos protegió al cruzar la frontera.

## EL MILAGRO DE UNA MARIPOSA

Mientras me encontraba en Sudán, también presencié algo muy difícil que jamás había experimentado. No todos los niños a los que les compartimos de Cristo estaban tan ansiosos por recibirlo como este grupo en particular. Todos los días, mientras estuvimos en la nación, le ministramos a un grupo de muchachos más grandes entre los trece y dieciocho años. Con toda honestidad, en la mayoría de lugares a los que he viajado, la mayoría de los niños y de los adolescentes que he encontrado, desean entregarle su vida a Jesús. Sin embargo, estos adolescentes no.

Pasamos tres horas cada tarde compartiendo el evangelio, compartiendo testimonios, orando por los enfermos e invitando a este grupo de adolescentes a recibir el regalo que Dios les daba. Día tras día, nadie era salvo. Yo estaba frustrada. Podía decir que ellos estaban experimentando a Dios, sus ojos estaban tan llenos de deseo por lo que yo les estaba anunciando. Se hubiera podido escuchar caer un alfiler en el cuarto: ellos estaban escuchando con atención cada palabra que yo decía.

Cada noche, cuando les hacía la invitación para entregarle su vida a Jesús, ellos permanecían congelados, reteniendo las lágrimas. Era tan abrumador que comencé a llorar ahí frente a ellos. Podía sentir su dolor. Podía sentir su temor. Ellos comprendían que ser cristiano podía costarles la vida, porque las fuerzas del gobierno de Sudán del Norte estaban matando a los cristianos indiscriminadamente en el sur. Estos adolescentes no hacían nada irreflexivamente. Todos los días, después de tres horas de ministrarlos, orar por ellos y derramar amor sobre ellos, yo daba por terminada la reunión. Nadie se movía. Ellos permanecían sentados en silencio mucho tiempo después de que yo me marchaba.

Un día, mientras preparaba mi mensaje, sentí que el Señor deseaba que hablara acerca de la belleza y el poder de ser una nueva creación. Pensando en que me habían dado tres horas que llenar, estaba buscando un tipo de ayuda visual para mi sermón. Instantáneamente pensé en una mariposa. La mariposa es una grandiosa imagen de una nueva creación. Comienza como una oruga pegada a la tierra, que puede ser pisada, ignorada y muy limitada en lo que puede hacer o dónde puede ir. Después, pasa por un proceso de transformación, y se convierte en una de las criaturas más amadas: la hermosa mariposa.

La majestuosa mariposa está adornada con belleza, es amada por todos y puede volar. Es hermosa y libre, tal como nosotros fuimos creados. Cuando recibimos la obra de la cruz en nuestra vida, somos transformados, somos hechos hermosos y recibimos el regalo de la libertad. De manera que encontrar una mariposa para mi ilustración parecía ser una muy buena idea. El único problema era que estaba lloviendo. Las mariposas normalmente no salen cuando está lloviendo. Esperé que la lluvia terminara pronto, pero solo aumentó. Cuando comenzó nuestra reunión, llovía y estaba muy oscuro. Aunque yo seguía sintiendo como si Dios deseara decirles a estos niños que Él los haría una nueva criatura, tomaría su dolor y los haría hermosos, quitaría sus cadenas y les daría libertad; yo sabía que mi oportunidad de encontrar una mariposa era mínima.

Nos dirigimos a la reunión, nos colocamos y cuando me levanté para predicar, puse mi Biblia sobre el pedestal. Abrí mi Biblia en el pasaje a partir del cual hablaría, 2 Corintios 5:17: "Por lo tanto, si alguno está en Cristo, es una nueva creación. ¡Lo viejo ha pasado, ha llegado ya lo nuevo!".

Miré a los chicos mientras abría mi Biblia en 2 Corintios 5. Casi cuando comencé a hablar, sucedió una de las cosas más asombrosas. De la puerta abierta en la parte trasera del salón vi entrar una enorme mariposa (o pudo haber sido una grande polilla colorida). Voló desde la parte trasera del salón, sobre los chicos, hacia donde yo estaba y aterrizó en mi Biblia abierta. Literalmente estaba posada sobre 2 Corintios 5. El salón completo exclamó. Los chicos estaban intrigados y deseaban ver a la mariposa. ¡Yo estaba muy emocionada! Dios es tan admirable. Él envió a esta hermosa mariposa.

Era color blanco perla, con los colores más vibrantes que hubiera visto en sus alas. Era casi del tamaño de mi mano y simplemente se posó en mi Biblia. Yo estaba pensando: "Si la gente no es salva esta noche, ¡yo no sé qué voy a hacer!". Bien, durante tres horas compartí acerca de ser una nueva creación. Todo el tiempo, la mariposa simplemente se sentó en mi Biblia y no se movió. Incluso tomé mi Biblia y caminé por el salón, mostrándosela a todos. La mariposa continuaba posada ahí. Fue realmente asombroso.

Al final de la noche hice otra invitación para salvación. Los chicos estaban conteniendo sus lágrimas. Algunos miraban al suelo y otros miraban directo a mis ojos, pidiendo silenciosamente tener aquello de lo que yo estaba hablando; pero nadie aceptaba la invitación para recibir a Cristo. Nadie. Yo no pude contenerme. Lloré, diciéndoles entre gemidos lo bueno que Dios era, cuan seguro era, cuánto los amaba y que podían confiar en Él. Muchos otros lloraron también, pero simplemente no estaban listos. Cuando terminé, la hermosa mariposa se levantó y con gracia comenzó a salir volando. Salió tal como entró y desapareció en la noche.

Me sentí agitada durante la noche. Di vueltas en mi humilde camita, orando, gimiendo y orando todavía más. Estos chicos necesitaban desesperadamente un encuentro con Dios. Estaban viviendo con tanto dolor y el costo era muy alto para ellos. Muy temprano en la mañana escuché que alguien llamó a la puerta de mi choza. Abrí la puerta y vi a un joven que llamaré Jumo.[1]

Jumo tenía dieciséis años y también había estado agitado toda la noche. Él se disculpó por visitarme tan temprano, pero me dijo que no podía esperar más. Compartió que varios estudiantes y él no se habían marchado del edificio la noche anterior. Dijo que solamente se sentaron en silencio, reflexionando sobre lo que yo había dicho y luchando con ellos mismos, pensando en la cruz y en el regalo que Dios les daba de convertirse en una nueva creación.

Me miró profundamente y dijo con gran seriedad: "Estoy listo para morir por Cristo. Estoy listo para convertirme en su esclavo". Jumo se arrodilló ahí mismo y comenzó a llorar mientras yo oraba por él, y recibió el regalo de Dios de salvación. Pasé un rato más ministrando a Jumo y él se marchó de la galería aproximadamente a las 7:00 a.m. A las 9:00 a.m., Jumo ya había llevado a dos de sus compañeros a Jesús. Él regresó más tarde esa mañana para presentarme a sus dos nuevos convertidos. ¡Qué gozo! En dos horas Él había llevado a dos personas al Señor.

## Un avance para Mary

Esa mañana estaba lloviendo a cántaros y poco después de que Jumo se marchó, tocaron de nuevo a mi puerta. Preguntándome si Jumo habría regresado, abrí para encontrarme a uno de los maestros de la escuela cercana donde vivían los jóvenes que habíamos estado ministrando, vivían en una gran residencia para estudiantes. La escuela era muy sencilla y las residencias donde vivían los estudiantes eran mucho más sencillas: edificios de barro, pisos de lodo, techos de palmas y algunas veces, una pequeña ventana. Había una residencia para chicos y una para chicas. Cada residencia alojaba cerca de setenta y cinco estudiantes. Todos los estudiantes a quienes habíamos estado compartiéndoles el evangelio, vivían en estas residencias.

El maestro estaba desesperado y dijo: "Por favor, hermana Jennifer, ¡debe venir inmediatamente! Una de las chicas está poseída por un demonio y todas las demás chicas están aterradas". Concentré a mi equipo, nos vestimos rápidamente y nos dirigimos a la residencia de las chicas. Debido a la lluvia, todo estaba lodoso y resbaloso. Al acercarnos a la entrada, vi a una chica recostada bocabajo en la entrada. La llamaré Mary.[2] Era una chica delgada y estaba ahí recostada con los ojos en blanco, gruñendo y convulsionándose. Todas las demás chicas se pegaron a los muros con una mirada de horror en su rostro. Intentando ver de qué se trataba, respiré profundamente y susurré el nombre de "Jesús". El cuerpo de Mary fue instantáneamente levantado y arrojado a varios pies en la dirección contraria y ahora estaba boca arriba.

Ahora sobre su espalda con los brazos sobre su cabeza, Mary comenzó a ser halada hacia fuera del edificio y hacia atrás, como si alguien estuviera tirando de sus muñecas. Todas las chicas comenzaron a gritar y llorar, y yo me molesté mucho con el enemigo. Dios les había estado mostrando su amor maravillosamente a estos adolescentes y el enemigo estaba intentando montar una escena y distraer a estos chicos de Dios. Dos pastores locales me ayudaron a sujetarla de las piernas para evitar que fuera arrastrada de un lado a otro. En ese punto, comenzamos a orar por Mary, hablándole a su espíritu y callando al enemigo. Mary comenzó a ir y venir. En los momentos en que estaba presente, yo le hablaba acerca de la situación. Le dije que echaríamos fuera a ese demonio, pero que la seguridad y la libertad se encontraban en Jesús. Si ella no se rendía a Jesús y entraba en su cobertura, era probable que ese demonio regresara y fuera aún peor.

Se le podía ver en una lucha interior. Ella permanecía presente cada vez más al contemplar la idea; entonces, cuando el temor se apoderaba, la perdíamos de nuevo. Esto sucedió durante un tiempo. Yo continuaba hablándole: "Mary, Jesús es el único que puede hacerte libre". Después de muchos momentos angustiantes, todas las chichas que estaban amontonadas contra el muro, comenzaron a gritar: "¡Hazlo, Mary! ¡Solo acepta a Jesús! ¡Serás libre! ¡Hazlo, Mary!". Las chicas que no habían recibido a Cristo estaban insistiéndole a su amiga que lo hiciera, porque sabían que Jesús tenía poder para liberarla.

Mary dejó finalmente todos sus temores y me dijo que deseaba a Jesús. Hicimos una sencilla oración juntas y Mary fue instantánea y completamente liberada. Tan pronto como oramos, se fue toda manifestación demoníaca. Ella tomó consciencia de sí y de lo que estaba sucediendo, y lucía como una persona completamente diferente. Todas sus amigas ahora estaban llorando de gozo, abrazándose y agradeciéndole a Dios. La maestra se llevó a Mary para que la limpiaran, ya que estaba cubierta de lodo; y al poco rato regresó con el vestido amarillo más brillante que haya visto y una grande sonrisa en su rostro.

Sinceramente no podía reconocerla. Ella no dejaba de sonreír. Se dirigió a la residencia de chicas, donde nosotras estábamos y compartió su historia. Ella había sido atormentada por este demonio desde pequeña, cuando sus padres la llevaron con un médico brujo. Había vivido con un sentimiento sombrío en su interior durante años. ¡Ella se regocijó, diciéndonos que se sentía completamente diferente, completamente libre, completamente feliz y completamente nueva! Jesús había arreglado todo en un instante. Mary y yo pudimos llevar a la mayoría de sus compañeras de residencia a Jesús ese día. Ellas no solamente vieron la mariposa, sino también vieron a Mary convertirse en una mariposa.

Mary y Jumo sentían fuego por Jesús. Ellos reunieron a otros estudiantes para orar y buscar a Dios. Compartieron su fe y el poder de sus testimonios con sus compañeros. Yo deseaba tanto quedarme más tiempo en Sudán y pasar tiempo ayudándolos a crecer en su caminar con Dios. Cuando llegó nuestro momento de partir del país, mi corazón estaba muy cargado para interceder por esos chicos que habían encontrado el amor por su Padre, pero continuaban atrapados en la zona de guerra. Inmediatamente comencé hacer planes para enviar a un pequeño equipo que permaneciera en la zona a largo plazo y continuara derramándose en los niños y compartiendo lo que Dios estaba llevando a cabo ahí.

Yo me sentí devastada al saber que después de que nos marchamos, las luchas incrementaron en la región y nuestro contacto principal escapó del país, debido a que las fuerzas gubernamentales estaban cazándolo. No se le permitía la entrada a nadie. Yo me encontraba en Canadá cuando recibí el mensaje;

y cuando escuché la noticia, solamente comencé a llorar. Dios había comenzado una obra tan hermosa con todos los niños y los adolescentes de Sudán del Sur, y no deseaba abandonarlos. ¿Quién iba a discipular a los chicos? ¿Quién iba a animarlos?

Esa noche me acosté orando fervientemente que Dios enviara ángeles que ministraran a los niños. Si nadie más estaría ahí, ciertamente Dios podría enviar ángeles para que acompañaran a los niños. Esa fue mi oración durante las semanas siguientes. Aproximadamente un mes más tarde, recibí un correo electrónico de uno de los maestros de la escuela. Él había podido viajar a Uganda, desde donde pudo contactarme.

Este maestro escribió para hacerme saber que Dios estaba llevando a cabo una obra hermosa e increíble a través de los chicos de la escuela. Mary y Jumo continuaban dirigiendo a las tropas y muchos estudiantes habían recibido a Cristo y estaban experimentándolo en maneras poderosas. Él se emocionó más al informarme que muchos de los estudiantes habían experimentado un encuentro angelical corpóreo: al mismo tiempo, todos ellos vieron ángeles enormes en la parte central del patio de la escuela. Estaban sumamente alentados y consolados, porque sabían que los ángeles estaban ahí para protegerlos y ministrarlos. Él deseaba que yo supiera que Dios continuaba encontrándose con estos niños de manera poderosa.

¡Dios les envió ángeles a los niños y ellos fueron fortalecidos por su encuentro! Yo me enamoré mucho más de Él otra vez. El Señor desea encontrarse con nosotros también. Él es tan bueno y tan fiel. Sabe exactamente lo que necesitamos y exactamente cuándo lo necesitamos.

# 5
## UNA CITA CON JESÚS

ONOCÍ A MEGAN en un campamento de verano cuando ella tenía cinco años. Yo regresaba cada verano al mismo lugar de Canadá para ministrar a un pequeño grupo de niños de toda la región. Durante una de mis sesiones con otros niños, comencé a desafiarlos a que empezaran a "tener citas" con Dios. A manera de broma les sugerí que si pasaban el mismo tiempo "saliendo" con Dios que el que usaban para hablar con sus amigos acerca del chico o la chica que les gustaba, ellos tendrían un asombroso avance en su caminar con el Señor. Los desafié a apartar un tiempo a solas con Dios: a que lo convirtieran en un momento especial para conocerlo realmente. Yo no lo sabría sino hasta el año siguiente, pero Megan tomó muy seriamente el desafío. Esto fue lo que sucedió.

Megan, quien a los cinco años era demasiado joven para estar en mi clase, decidió asistir de todas formas con su hermano mayor. Ella se sentó junto a él durante la clase y se conmovió mucho con la idea de tener una cita con Dios. Decidió que cuando regresara a casa, lo intentaría. Después de pensar y planear un rato, les dijo a sus padres que iba a tener una cita especial con Jesús ese día. Sus padres apoyaron su cometido y le permitieron continuar con su plan.

Sus padres se dieron cuenta muy pronto de la seriedad del asunto, porque ella había limpiado su habitación sin que se lo pidieran, preparándose para su cita. (Padres, ¡ustedes saben

53

que algo sobrenatural está sucediendo con su hijo si limpia su habitación sin que se lo pidan!). Ella tomó una ducha y se puso su mejor vestido. Le preguntó a su madre si podía utilizar comida de verdad y una vela para la cita. Su madre pensó que eso era un poco extremo, pero le permitió poner una vela sin encender en la mesa, y tendría que ingeniárselas utilizando comida falsa.

Desilusionada, pero segura de que a Jesús no le importaría, Megan comenzó a arreglar su pequeña mesa en la habitación. Decoró la mesa, poniendo atención a cada detalle, deseando que fuera perfecta para Jesús. Después de que todo estaba en su lugar, ella salió con la familia y les dijo que no la molestaran, porque tendría una cita muy especial con Jesús en su habitación. Subió a su habitación, se sentó en su pequeña mesa y, llena de fe, esperó a que Jesús llegara.

Un año después, junto a su mamá en el mismo campamento de verano, con los ojos muy abiertos, ella nos contó la historia: "Y fue cuando escuché que alguien llamó a mi puerta". Ese día desencadenaría un plano completamente nuevo en la vida de Megan. Esta pequeña niña tímida de cinco años vio a Jesús entrar en su habitación.

Megan dijo que Jesús se sentó en la pequeña mesa en el lugar que ella había preparado para Él con amor. Él le sonrió, ella estaba muy emocionada y se acercó a Él. Cuando yo le pregunté: "¿Puedes explicarme qué quieres decir con que Jesús entró en tu habitación?". Ella dijo: "Yo pude verlo claramente. Podía ver la habitación tal como es y a Él al mismo tiempo". Parecía como si estuviera viendo a través de dos lentes a la vez.

Ella continuó describiendo su dulce tiempo con Jesús. Dijo que hablaron y hablaron, y que a Él no le importó que la comida no fuera de verdad. Yo le pregunté: "Bueno, ¿y de qué hablaron?". ¡Su respuesta fue perfecta! Ella dijo: "Ah, ya sabes, lo normal que la gente habla. Él habló de lo que sucede en el cielo. Yo le hablé de lo que me sucede a mí. Tomamos turnos para hablar de las cosas que nos gustan y de las que no nos gustan. ¡Fue muy divertido!".

Ella recuerda estar al pendiente de la manera en que sostenía el tenedor (¡con el meñique hacia arriba, por supuesto!) y de que deseaba que todo fuera perfecto para Jesús. Continuó compartiéndonos acerca de ese encuentro especial que tuvo. Me dijo que después de la cena, Jesús la invitó al patio trasero, porque tenía una sorpresa especial para ella. La mirada de sus ojos habló más que las palabras cuando me relató el resto de la experiencia.

Cuando llegó al patio trasero, ella dijo ver un hermoso gran carro que parecía como un carruaje y Jesús le abrió la puerta para que ella se subiera. Era un carruaje descubierto que tenía brillos y era tirado por dos hermosos caballos blancos. Jesús la ayudó a entrar y comenzaron un paseo asombroso. Ella describió la variedad de imágenes y colores que vio cuando de pronto fue tomada en su espíritu. Estaba volando sobre diferentes lugares viendo muchas cosas; fue difícil para ella comunicar en palabras exactamente lo que vio durante ese tiempo. Jesús estuvo junto a ella todo el tiempo explicándole todo lo que estaba viendo.

Él le habló acerca de estos diferentes lugares, de lo que Él sentía por ellos y de lo que Él estaba llevando a cabo ahí. Compartió muchas cosas especiales con ella. Ella recuerda que fue un momento divertido y juguetón con Él. Me dijo que se detuvieron en un punto, salieron y brincaron en el lodo, riéndose y jugando juntos. Aunque era lodo, ella dijo que se veía como un arroyo corriente. Finalmente regresaron al patio trasero y Jesús le dio un dulce beso en su mejilla, y le dijo que le había encantado pasar un tiempo con ella y que le encantaría tener otra cita con ella pronto.

La madre de Megan estaba junto a ella mientras su hija me contaba con emoción acerca de su cita con Jesús. El gozo y la gratitud de la mamá brillaban a través de su rostro. Cuando Megan terminó de relatarme su experiencia, su madre me llevó aparte porque deseaba contarme su lado de la historia. Ella estaba clara y profundamente conmovida mientras trataba de comunicar la conmoción que esto había provocado en su hija. Ella explicó que su hija siempre había sido tímida y callada con los extraños y que ese encuentro la había impactado drásticamente.

Me dijo que ella y su esposo estaban maravillados con el nivel de revelación que su hija mostraba al explicar algunas de las cosas que Jesús le dijo. Su hija de cinco años estaba utilizando palabras que nunca la habían escuchado usar antes y les estaba explicando complejos conceptos espirituales que sabían, a los que nunca había estado expuesta ni había escuchado. En la mente de Megan, ella simplemente estaba compartiéndoles partes de su conversación con Jesús, ¡pero esta niña de cinco años estaba marcada por su encuentro con Jesús!

La madre de Megan dijo que ese día impactó a su hija tan significativamente que se hizo menos tímida. Comenzó a compartir su fe con otros y a hablar en voz alta en su iglesia, compartiendo algunos de los tesoros que Dios le había hablado. Toda la familia fue motivada por el encuentro y los drásticos cambios que vieron en ella. Su madre me dijo: "Incluso su hermano pequeño ha viajado al cielo. ¡Toda nuestra familia está experimentando a Dios en maneras poderosas!".

Me *encanta* esta historia. Me encanta por muchas razones. Una niña, una pequeña niña de ojos cafés, no tuvo miedo de mostrar su amor y su hambre por Dios. Ella "se acercó" de la mejor manera que sabía hacerlo, incluso aunque pareciera tonto. Su hambre y su sencillez no solamente la llevaron a tener un encuentro con lo divino, sino también abrieron la puerta a que toda la familia experimentara a Dios de una manera más profunda. Cuando tengamos un encuentro con Dios en una manera real y personal, en una manera que vaya más allá del conocimiento intelectual, seremos cambiados para siempre.

Isaías 55:11 dice: "Así es también la palabra que sale de mi boca: No volverá a mí vacía, sino que hará lo que yo deseo y cumplirá con mis propósitos". Cuando escuchamos la "Palabra" de Dios (su corazón, sus pensamientos, etc.) y cuando experimentamos la esencia de quien Él es, eso nos cambia. Estamos siendo constantemente transformados a través de nuestras experiencias y encuentros con Dios.

Megan ahora tiene trece años y está más enamorada de Jesús que nunca. Tuve el honor de preguntarle cómo es su relación con Jesús ahora.[1] Ella me explicó que cuando tuvo esa primera "cita" con Jesús a los cinco años, comenzó a "entender las cosas". Experimentar a Dios de esa forma parecía no ser "extraordinario"; era una "diversión normal", "como salir a jugar con alguien".

Megan continuó "encontrándose con Dios" en maneras realmente especiales al pasar del tiempo. Ella narró veces en que comía el almuerzo con Él o se veía bailando con Él en un hermoso salón. Muchas veces en los últimos cuatro o cinco años, cuando ella se "sumerge" en oración, ve una copa semejante al vino. El líquido dentro de la copa se derrama y entre más toma, más feliz es.

Ella explicó que el líquido de la copa es gozo líquido y entre más lo toma, más feliz se siente uno. Cuando ella toma de esa copa es llena de un gozo sobrenatural que no puede explicar. Ella solamente estalla en risa, "no una risa normal, ¡sino fuerte y prolongada, que no puedo detener! El gozo es incontenible y cuando tomo de esa copa, me quedo de buen humor y alegre".

Ella dijo que algunas veces, después de tomar de esa copa, abraza a alguien y más tarde, sin razón aparente, la persona comienza a reír también. A ella le encanta el hecho de haber podido compartir este tipo de gozo y lo ve como un don, ya que su segundo nombre es Joy (gozo).

## Un jardín celestial

Megan se ha acostumbrado cada vez más a simplemente "salir" con Dios y ha cultivado verdaderamente una relación con Él en su vida. Ella me dijo que recientemente, una noche no podía dormir, de manera que decidió "salir" con Dios. Cerró los ojos y esperó su presencia. Vio lo que parecían ser unas grandes cortinas frente a ella y caminó a través de ellas. Instantáneamente vestía un hermoso atuendo que se parecía al vestido que Bella llevaba en la película *La bella y la bestia* de Disney, pero era rosa en lugar de dorado.

Megan vio al Señor esperándola a lado de un carruaje encendido. Ella subió al carruaje y Él la llevó a un jardín vallado. El jardín estaba cercado por todos lados y tenía un hermoso arco en la entrada. Pero cuando entraron, de pronto Megan se dio cuenta de que el jardín era interminable y que no podía ver el otro lado.

Cuando entraron en el primer espacio, Megan pudo ver filas y filas de frutas y verduras, todas las frutas y las verduras imaginables. Ella tomó un puñado de fresas y de guisantes, porque eso era lo que le apetecía, y juntos los llevaron al carruaje y los apartaron. Más tarde entraron en un segundo espacio del jardín. En este espacio, ella pudo ver una gran montaña cubierta de las flores más hermosas. Tomó un montón de flores y las colocó en el carruaje.

Se dirigieron al tercer espacio, el cual estaba lleno de diferentes tipos de árboles. Jesús le preguntó cuál era su favorito y ella eligió un hermoso manzano que estaba lleno de frutos. El Señor caminó hacia el árbol, lo tocó y este pareció desaparecer. Después ella se dio cuenta de que en su mano estaba una semilla de manzana y juntos la llevaron hacia el carruaje y la colocaron dentro.

Se dirigieron finalmente hacia el cuarto espacio, el cual estaba lleno de colinas cubiertas de hierba. Megan explicó que esa hierba era espesa como una alfombra, pero con la textura más suave que jamás hubiera sentido. Ellos estaban recostados en la hierba y disfrutando su suavidad, cuando Megan se dio cuenta de que el Señor estaba haciendo algo. Ella se sentó para apreciar mejor y vio que Él había enterrado sus dedos bajo la hierba y estaba haciendo un rollo, como cuando enrollamos el césped. Se llevaron un pedazo del rollo de hierba al carruaje y lo pusieron dentro junto con todos los demás objetos. Juntos regresaron al carruaje y salieron volando del jardín.

En cuestión de momentos estaban aterrizando en una hermosa nube muy en lo alto. El Señor la ayudó a salir del carruaje y entonces tomó la hierba enrollada y la desplegó encima de la nube. Tomó la semilla de manzana y la dejó caer en la hierba; de pronto, el mismo manzano que habían visto en el jardín brotó de la hierba con todo y su fruto. Megan estaba asombrada de lo que vio.

Él, más tarde, tomó las flores que ella había elegido con amor y las colocó como el centro de mesa donde ellos iban a sentarse. Por último, Él sacó las fresas y los guisantes, y se sentaron juntos en un pequeño pedazo del cielo, sobre la nube, teniendo un maravilloso día de campo y gozando de la compañía mutua. Megan se sintió tan amada y cuidada por el Señor.

De pronto, la visión cambió y Megan estaba parada frente a las largas cortinas. Sin desear que terminara el encuentro, ella caminó de vuelta a través de las cortinas e instantáneamente se vio de vuelta en este lugar espiritual sobre la nube con el Señor. Esta vez, ella llevaba un deslumbrante vestido azul como el de Cenicienta que tenía hermosas mangas abombadas. Frente a ella podía ver al Señor parado junto a una enorme alfombra roja, la cual tenía ángeles en cada esquina. El Señor la ayudó a pisar en la alfombra y los ángeles levantaron las esquinas instantáneamente y comenzaron a volar a través del tiempo y del espacio.

Megan estaba disfrutando cada momento de esta increíble aventura, pero más que nada, le encantaba estar con Jesús. La alfombra se detuvo en una piscina brillante. Megan reconoció instantáneamente la piscina, porque ese era un lugar que ya había visitado antes con Jesús. Pero el Señor simplemente movió la cabeza y dijo: "Esto no funcionará", y una vez más volaron hacia el cielo. Finalmente llegaron a una hermosa playa prístina. Megan comenzó a caminar en la arena y estaba asombrada por su increíblemente suave textura. Ella caminó con Jesús hacia el agua y disfrutaron de su hermosura juntos.

Entonces el Señor metió su mano en el agua y sacó una hermosa concha. Con mucho gozo en su rostro, Él le dio la concha a Megan y le dijo que la colocara en su oreja. Cuando ella acercó la concha a su oreja, ella esperaba escuchar el mar, pero en cambio, pudo escuchar que la voz del Señor le decía una y otra vez: "Te amo. Te amo. Te amo". Aquellas palabras

—esa verdad— se fueron a lo profundo de su espíritu; de pronto, ella estaba de vuelta en las cortinas.

Ella pasó por las cortinas una vez más, tan conmovida por ese amor, e instantáneamente fue llevada de regreso a este lugar con el Señor. De pronto el vestuario cambió y ella llevaba un brillante vestido verde que tenía una M dorada en él. Esta vez, el Señor estaba esperándola junto a un gran carruaje verde brillante. Un caballo grande, alado, transparente y brillante que parecía hecho de vidrio, tiraba del carruaje. Asombrada por la belleza del caballo y el carruaje, Megan subió a él, preguntándose adónde la llevaría el Señor esta vez. De pronto, se encontraban volando de nuevo y al poco tiempo, aterrizaron al pie de una cueva.

Junto con el Señor, ella empezó a caminar por la cueva. Inmediatamente se dio cuenta de que la cueva tenía un increíble eco, de manera que comenzó a entonar una canción con gozo. El Señor se le unió y empezó a cantar con ella en la cueva. Los sonidos que ella escuchó fueron inexplicables: fueron los sonidos más hermosos que jamás había escuchado, tanto que la dejaron sin aliento. Ella quedó sorprendida por la voz del Señor. Ella explica: "Su voz es tan plena y fuerte. Te hace sentir muy bien. El canto de su voz, es difícil de creer. Es mucho mejor que cuando habla".

Después de que Megan se sumergiera en el poder y la hermosura del amor del Señor, Él comenzó a llevarla más profundo por el túnel. Megan estaba encantada de ver que los muros del túnel estaban relucientes. Incrustados en los muros, había una infinidad de diamantes. Ella se encontraba en una mina de diamantes. Él le dio un pico y juntos comenzaron a picar el muro. Usando el pico Él sacó de la pared dos gemas en forma de corazón y se las dio. Ella pudo sacar una hermosa piedra verde y se la dio a Él a cambio. Por último, el Señor sacó una piedra con los colores del arcoíris, que no se parecía a nada que Megan hubiera visto antes. Él se la quedó y una vez más, Megan se encontraba frente a las largas cortinas.

Asombrada por lo que estaba viendo y llena de tanto amor por este amigo, Megan pasó una última vez por la cortina para estar cerca del Señor. Esta vez llevaba un fino vestido rosado que tenía piedras brillantes. Y ahí estaba Él. El Señor estaba parado ahí con una sonrisa en su rostro, esperándola con mucho gozo. Él estaba junto a un arcoíris invertido. Ella rápidamente subió al arcoíris, ansiosa solo por estar con Él e instantáneamente, el arcoíris se los llevó.

Volaron hacia un castillo enorme. Cuando llegaron al castillo, un ángel estaba sosteniendo la piedra verde que habían encontrado en la mina. El ángel voló hacia arriba y la colocó perfectamente en la punta del castillo. Casi instantáneamente, la luz pegó en la piedra y esta irradiaba un hermoso color y una bella luz en todas direcciones. "¡Parecía una lámpara de discoteca, pero era mucho mejor!", explicó ella.

Una fiesta de gozo estalló en el castillo. A donde Megan volteaba, había ángeles bailando y jugando. Otros ángeles estaban tocando música. ¡Era una gran celebración! Megan se sentía tan viva y feliz en este lugar. Estaba gozando cada momento de este encuentro, intentando absorber todo lo hermoso que estaba experimentando. Había demasiado gozo en este lugar; demasiado amor ahí. Finalmente, el Señor le entregó un regalo para que lo guardara. Le dio una pequeña bolsa morada. Cuando abrió la bolsa, esta proyectaba las palabras "Te amo", como algún tipo de aparato futurista que podríamos ver en una película de Batman.

El encuentro terminó ahí y Megan se acostó en su cama

asombrada, abrumada y muy agradecida. Ella pensó en todo lo que había visto y se dio cuenta de que todo eso —cada experiencia, cada regalo— estaban centrados en su amor por ella. Todo se trataba de expresarle su perfecto amor por ella y de que ella tuviera una revelación más profunda de ese amor. Todo lo que sucedió era Él diciéndole: "Te amo".

Ella se sentía diferente. ¿Cómo podemos experimentar un amor como aquel y no ser transformados? En los tiempos que tuve con Megan, yo pude ver cuan segura está en el amor que Dios le tiene. Esto no fue solamente algo mental. Esto fue verdad, una experiencia viva. Ella *conoce* el amor de Dios. La ha marcado. La ha hecho ser quien es y la manera en que ella vive es una evidencia de ello. Ella afirma: "Algunas veces me molesta demasiado cuando la gente cree que Dios es responsable de las cosas malas. ¿Cómo es que un Dios que nos ama tanto puede hacer eso?". Megan se ha encontrado con el amor de Dios: lo ha probado, lo ha experimentado y ahora eso la define.

Qué experiencia tan hermosa: Megan poniéndose a disposición de Jesús, y el Señor atrayéndola a una relación. Qué todos aprendiéramos a solamente "pasar a través de la cortina", dejar de vivir en la carne y morar en el Espíritu, y en ese lugar ser completamente transformados por el amor de Dios.

## Disfrutando la presencia de Dios

Mientras me encontraba entrevistando a Megan e intentando encontrar alguna de la revelación específica que Jesús le hubiera compartido, ella hizo una afirmación que me encantó, por ser tan sabia y poderosa. Ella dijo: "No paso tiempo con Jesús porque esté buscando algún tipo de 'revelación'. Nuestros tiempos juntos no se han tratado de que yo busque algún gran misterio. Nuestro tiempo juntos se trata simplemente acerca del gozo. Sencillamente nos encanta estar juntos. Cuando Dios está tratando mostrarme algo, Él viene a mi mundo. Pero cuando yo voy a su mundo, en realidad no oro: 'Dios, ven'. Simplemente cierro mis ojos y me imagino su rostro sonriéndome y entonces sucede rápidamente. Mi única intención es pasar tiempo con Él, jugar, divertirme y disfrutarlo. Creo que, de alguna manera, cuando todo termina, simplemente sé cosas, pero ese no es mi enfoque".

Ella continuó relatándome que a medida que ha ido creciendo, Dios ha continuado hablándole y encontrándose con ella en maneras que la han ayudado a través de algunos de los desafíos que ha enfrentado en la vida. Ella explicó que algunas veces lucha con su autoimagen, comparándose con otros. Pero una vez tuvo un encuentro que cambió su perspectiva. A continuación, una historia de lo que sucedió.

> Un día fui al cielo y me vi parada a lado de una piscina. Llevaba un hermoso vestido rosa de princesa. Mi cabello estaba atado hermosamente y simplemente dije: "Ah, ¡es tan hermoso!". Dios estaba parado junto a mí e hizo algo que yo no esperaba. Tomó mi mano y brincó hacia la piscina. Yo no comprendía. Estaba empapada. "¡Mi hermoso vestido!", pensé. Mi precioso peinado estaba mojado y comenzando a caerse. Yo no comprendía por qué Él había hecho eso. Entonces, tomó mi mano y comenzó a caminar por un largo, seco, polvoso y sucio camino. El polvo suelto comenzó a pegarse a mi vestido mojado y pronto, mi vestido estaba cubierto de lodo.
>
> El camino por el que andábamos nos llevó a su bosque; entonces, el camino pareció desaparecer. El bosque era denso y las ramillas estaban halando de mi peinado y rasgando mi vestido. Finalmente, Él me llevó a una tierra plana. Todo lo que yo pensaba que era

hermoso —mi cabello y mi vestido— fue destruido. Él
me miró a los ojos. Sus ojos tenían la "esencia feliz" que
siempre han tenido, pero yo supe que estaba serio. Me
miró con amor y me dijo: "¡Eres hermosa!". Sus palabras
tenían un gran peso, es como que la esencia de su voz es
honestidad. Cuando dice algo, simplemente no podemos
discutir. Es una verdad innegable. A partir de ese día,
cuando comienzo a pensar acerca de mi apariencia, simplemente me veo en el espejo y puedo escucharlo decir:
"¡Eres hermosa!".[2]

Dios es sumamente bondadoso y comprende lo que cada uno
de nosotros necesita en el momento preciso. ¿Qué sucedería si
todas las chicas tuvieran una revelación de quienes son, antes
de lidiar con los años de adolescencia? Dios es muy personal y
tierno. Todos necesitamos escucharlo decirnos: "¡Eres hermoso!".
Las cosas exteriores no son lo que hacen que le agrademos a
Dios: nuestros actos, nuestro servicio, nuestro sacrificio. Cuando
todas esas cosas han sido rotas y destruidas a través del camino,
quien nosotros somos es simplemente aquello que es bello.

Una de las razones por las que deseaba compartir un poco
acerca del viaje de Megan, es que desde pequeña ella ha cultivado una relación real y auténtica con Jesús. Ella es simplemente
una chica normal que se ha dispuesto a tener un encuentro con
el Señor y ha cultivado y alimentado ese lugar de encuentro en
su vida. Sus padres han visto una diferencia drástica en su vida
y han visto sobrecogidos el fruto poderoso que ha surgido de
los encuentros que su hija ha tenido con Jesús.

Pasé un tiempo hablando con Isabel, la mamá de Megan, y ella
me dijo que muchas veces, de forma imprevista, en situaciones
aleatorias, sale algo profundo y poderoso de la boca de Megan.
La gente se asombra y se queda sin palabras cuando salen estas

"bombas de verdad". Isabel sabe que esto sucede solamente por la conexión personal sincera que Megan tiene con Dios. Ella ha visto surgir un fruto extraordinario de la vida de su hija, al permanecer profundamente conectada con el corazón de Dios.

Esta chica que alguna vez fue tímida, ahora camina con una paz, amor, gozo y autoridad tremendos. Isabel me dijo que en medio de situaciones realmente dolorosas que sucedieron, ella vio a Megan elegir el perdón y el amor. Ella sabe que su respuesta es única, por causa de su conexión con Dios. La madurez y la perspectiva con las que ella puede responder son simplemente sobrenaturales, simplemente no es algo natural sin Dios.

Isabel me relató otra experiencia de cuando Megan tenía alrededor de siete años. Durante las actividades de un club infantil, Megan tenía mirada de estar en otro lado e Isabel supo que estaba teniendo una experiencia con el Espíritu Santo. Después de su encuentro, esta niña de siete años le contó a su mamá con gran detalle acerca de un planeta que vio. Estaba sucio, roto y triste. Entonces, de pronto Dios tomó un gran pincel y comenzó a pintar... en todos lados. Él continuó diciendo: "¡Este es *mi* mundo! ¡Lo estoy haciendo hermoso!".

Isabel dijo que ese tipo de experiencias han marcado a Megan. A través de ellas ha aprendido a ver el dolor y el quebrantamiento desde la perspectiva del cielo. La han entrenado para ver con ojos de esperanza y de fe. Me encanta la revelación de este encuentro: ¡Dios está haciendo que el mundo sea hermoso de nuevo! Le pido al Señor que todos nosotros, como Megan, podamos tener ojos para ver lo que Dios está llevando a cabo, así como fe para unirnos a Él para lograrlo.

Le pregunté a Isabel qué tipo de consejo les ofrecería a los padres que desean animar a sus hijos a experimentar a Dios en maneras profundas. Su respuesta fue sencilla: "Usted tiene que vivir esa relación primero". Ella explicó que como padres, tenemos que cultivar el hambre en nuestra propia vida, mostrársela a nuestros hijos, buscarlo a Él todo el tiempo en nuestras actividades diarias y permanecer en un estado de reflexión. "Él es mi respuesta. Es todo lo que anhelo".

Ella añadió que también es importante darles la oportunidad a nuestros hijos de fallar. Isabel tiene cinco hijos y todos ellos, como Megan, tienen relaciones sinceras con el Señor. Respeto mucho a esta familia y soy bendecida por el amor con el que ellos están comprometidos con Dios.

Fui tan bendecida en mis charlas con Megan. Simplemente podía sentir la presencia de Jesús en ella. Le pregunté cómo la habían cambiado sus encuentros con Jesús y dijo: "No puedo decir quién sería yo sin Dios. Nunca me he visto de otra manera. Dios siempre ha sido fiel en mostrarme con amor cuando me salgo del camino. Él dice: 'No, Megan, esta no eres tú'".

El fruto es evidente. Megan sabe quién es. Ella confía en el amor que el Padre siente por ella. Megan me contó acerca de su amor por el arte y de que se siente llamada a ayudar a la gente a comprender el amor de Dios. Ella explica: "Creo que es por ello que lo experimento de la manera en que lo hago. Me encanta cuando la gente 'lo entiende', cuando comprenden que Dios está diciendo: '¡Eres un príncipe! ¡Eres una princesa!'". El gozo y el amor del cielo irradian de cada una de las palabras de Megan.

Le pregunté a Megan si podía orar por todos aquellos que están leyendo este libro de modo que les impartiera la revelación del amor del Padre. Aquí está la oración:

*Dios, te pido que bendigas a la gente que está leyendo este libro, que ellos comprendan que tú los amas y que deseas divertirte con ellos. Y que eres bueno y que nunca dejarás de amarlos. Amén.*

Megan bien vestida y llena de alegría.

# CUANDO DIOS SE PRESENTA

T UVIMOS UNA GRANDIOSA experiencia que nos desafió a buscar un encuentro con Dios, durante una temporada en que mi esposo y yo estuvimos ministrando mucho a los niños. Ambos fuimos despertados en la madrugada y vimos nuestra habitación brillando y llena de ángeles danzando con colores remolineando a su alrededor. Fue realmente una de las cosas más disparatadas que he experimentado, y mi esposo y yo lo vimos juntos. Todo eso duró cerca de diez minutos y entonces desaparecieron los ángeles y los colores. Cuando finalmente pude volver a dormirme, continué viendo los mismos ángeles danzando y cantando en mis sueños.

Estaban cantando acerca del poder y el significado espiritual de los colores. Me desperté escuchando la última línea de la canción: "Anaranjado, anaranjado, anaranjado es el color de la visitación". Cuando me levanté en la mañana, supe que Dios nos estaba preparando para la visitación y supe que deseaba tener un encuentro con los niños en nuestros siguientes eventos.

Durante varios de nuestros congresos de verano que duraban una semana, los niños escucharon la voz de Dios, sentían la presencia de Dios y muchos fueron sanados y llenos del Espíritu Santo. Les enseñamos a los niños a orar por un encuentro con Dios y a buscarlo. Supe que si tenían un solo encuentro con Dios, su vida sería cambiada para siempre. La presencia de Dios comenzó a soltarse en la habitación como las olas del mar.

Fue tan poderoso. Los niños fueron abrumados por el amor de Dios. Muchos de ellos experimentaron sanidad interior y física profundas. En toda la habitación, los niños estaban llorando y varios vieron visiones que los marcarían de por vida.

En una reunión donde varios de los niños estaban teniendo poderosos encuentros, un pequeño se desanimó mucho, porque no estaba viendo ni experimentando nada. Animamos a los niños a que no se compararan con nadie más, porque todos experimentamos a Dios en maneras distintas. Debido a que el niño estaba tan preocupado por no tener un encuentro con Jesús como los otros niños, su mamá decidió sentarse en la sesión para animarlo.

El niño se recostó sobre su madre durante la sesión con emoción y le dijo: "¡Acabo de ver un ángel azul!". Cuando ella le preguntó qué estaba haciendo el ángel, él le dijo: "Vi muchos rostros tristes en la habitación y el ángel iba alrededor tocando cada rostro triste. Cuando tocaba un rostro, ¡este se convertía en un rostro feliz!".

Él estaba tan emocionado por esta visión que apenas podía contenerse. Su madre lo animó a contarnos lo que estaba viendo. Después de escuchar su testimonio, le pedimos que nos ayudara a orar y a darle libertad al ángel para que se moviera en la habitación. Él compartió con otros niños lo que vio y comenzó a orar para que Dios le permitiera al ángel llevar a cabo lo que había venido a hacer. ¡En mi vida me habría imaginado lo que estaba por suceder!

No estoy segura de cómo explicarlo, pero parecía como si la habitación llena de niños comenzara a pasar por una liberación disparatada. Varios niños cayeron instantáneamente gimiendo, llorando y sacudiéndose como si hubieran metido los dedos en un contacto eléctrico. Varios niños vieron imágenes pasar rápidamente frente a ellos, algunos vieron demonios que se marchaban o que cosas se soltaban de ellos; vieron que el dolor era extraído de su corazón y que las cadenas eran rotas.

Los niños estaban llorando y sacudiéndose, y ellos no habían hecho eso antes. La mayoría de los niños que se encontraban en la habitación nunca habían visto nada similar, mucho menos lo habían experimentado. Yo no sabía qué hacer. Sabía que Dios estaba ahí. *Yo no lo había hecho, Él lo había hecho.* Una vez más me incomodé con la manera en que Dios estaba eligiendo mostrarse. Ciertamente deseaba que Él estuviera en medio de nosotros pero, ¿no podía presentarse en un lindo paquetito?

He aprendido algunas cosas a través de los años. Una es que Dios lleva a cabo las cosas como Él desea. Y Dios es famoso por hacer cosas que parecen ser incómodas para la religión. Yo simplemente tuve que soltarlo. Dios claramente estaba llevando a cabo algo soberano con estos niños. Yo no necesitaba controlarlo y ni siquiera comprenderlo.

La locura duró hasta bien entrada la noche. Muchas de las lágrimas se convirtieron en risas sin parar. Había niños en el suelo, sus cuerpos repartidos por toda la habitación. Cuando los padres llegaron para recoger a sus hijos, intenté lo mejor que pude explicarles lo que estaba sucediendo. Sus hijos continuaban sobrecogidos por este encuentro de poder y muchos de los padres simplemente tuvieron que recoger a sus hijos del suelo y cargarlos para salir.

Unos cuantos niños me dijeron que mientras estaban en el suelo vieron pasar imágenes de niños de todo el mundo. Al ver sus rostros, fueron llenos de gran compasión y comenzaron a interceder por los niños que estaban atados por el temor y la tristeza. Creo que Dios vino no solamente para liberar a los niños, ¡sino también para usarlos para desatar un avance para una multitud de niños!

A la mañana siguiente, yo no tenía idea de si los padres llevarían a sus hijos de vuelta al congreso de verano para el resto de la semana que estaríamos dirigiendo. No obstante, los padres se habían reunido en la habitación y estaban formados esperando hablar conmigo. ¡Cada padre me dijo cuán transformado estaba su hijo! Me contaron que sus hijos habían estado atados con temor, siempre con pesadillas y sin querer estar solos, y que ahora, por la primera vez, estaban felices de dormir solos en la oscuridad. El temor ya no los gobernaba. Algunos padres nos dijeron con lágrimas que finalmente sentían que sus hijos estaban de vuelta. Debido a algún acontecimiento traumático, su hijo había completamente cerrado, no era él. ¡Su personalidad había sido restaurada!

Una cosa fue escuchar todas las historias, pero fue sumamente poderoso ver el cambio nosotros mismos. Recuerdo a un pequeño en particular. Él se había estado sentando en la fila delantera y tenía enormes dientes de conejo. Los primeros dos días no había dicho ni una palabra y parecía ser muy tímido, ¡pero esa noche el niño fue tremendamente sacudido! Él fue uno de los niños que experimentaron la agitada liberación prolongada durante varias horas. ¡Era un niño completamente diferente! De pronto se tornó parlanchín, sonriente, interactivo, feliz y confiado. ¡Fue asombroso!

Tuvimos el privilegio de regresar a ministrar al mismo lugar varias veces durante los siguientes dos años. Los testimonios de sanidad y de libertad que surgieron de esa noche fueron más que sobresalientes. Un niño adoptado fue liberado de inseguridad y nunca luchó de nuevo con ella. Niños que habían experimentado abuso sexual y divorcio estaban completamente sanos y restaurados, ¡tanto que sus padres y sus consejeros estaban asombrados! Dios simplemente se mostró y en un tremendo encuentro liberó a los niños de todo aquello que los ataba. Él los sanó y los llenó de un gozo asombroso, ¡y todos a su alrededor testificaron el increíble y duradero cambio que surgió de ese encuentro! ¡Jesús puede mostrarse o enviar a un ángel azul cuando Él lo desee!

Una experiencia similar sucedió durante uno de los tiempos de ministración mientras estuvimos en Canadá. Cuando mi esposo y yo estábamos orando por los niños, un pequeño, que no podía tener más de siete años, de pronto comenzó a tener una visión. Él se vio sentado en una mesa para dos y vio a Jesús sentarse frente a él. Él le preguntó a Jesús si deseaba té. "Y fue cuando todo comenzó", dijo el pequeño. Nunca supe la historia completa de lo que sucedió, porque después de estar en el encuentro durante más de dos horas, el niño ni siquiera podía hablar. Pasaron más de doce horas hasta que el niño pudo pronunciar palabra; la presencia de Dios fue así de sobrecogedora. La mamá del niño me dijo que él estaba increíblemente impactado por la visitación y que, tal como con los otros niños, Dios había llevado a cabo una obra profunda en él.

Todavía hoy cuando medito en estas historias, quedo asombrada por el poder de Dios y por la manera en que Él se derrama a sí mismo. Sé que algunos de los lectores pueden sentirse incómodos, alarmados o escépticos con respecto a algunas de estas historias. Lo comprendo completamente. Estoy apasionada por lo que es auténtico y puro, y a pesar de que temo parecer una "loca carismaniática", tuve que ajustar mi propia incomodidad a la manera en que Dios se mueve algunas veces.

La realidad es que Dios tuvo un encuentro como este con Saulo en Hechos 9. El encuentro de Saulo fue incluso más dramático. Él fue rodeado por un resplandor brillante. Fue cegado, tembló, cayó y escuchó una voz que le hablaba. Eso es muy intenso. Si Dios deseaba encontrarse con un pecador asesino, ¿cuánto más cree usted que Él desea encontrarse con sus hijos que han sido acercados a la cruz y que desean conocerlo?

No comprendo muchas de las cosas que Dios hace, pero está bien. Mi trabajo no es juzgar la *manera* en que Dios se mueve. Mi trabajo es ser inspectora de los frutos, y el fruto que ha surgido de los encuentros de estos niños es fenomenal. Dios es poderoso y su poder cambia vidas. Que nunca lo olvidemos.

## UN TROFEO DE JESÚS

Una madre se me acercó, después de varios días de que estuve ministrando a un grupo de niños durante otro viaje. Ella deseaba decirme lo que Dios estaba haciendo en sus dos hijos, de seis y cuatro años respectivamente. Al niño de seis años le gustaban los deportes y era muy bueno. Ya había ganado trofeos y era obvio que sobresalía en los deportes.

Su hijo menor, que tenía cuatro años, había estado luchando con el éxito de su hermano. Él deseaba desesperadamente ser bueno en los deportes como su hermano mayor, pero aún era pequeño y no coordinaba muy bien. Con toda honestidad, parecía como si los deportes no fueran a ser su fuerte. La mamá de los niños me dijo que él lloraba a menudo y que deseaba saber cuándo sería tan bueno como para ganar un trofeo. Cada vez que su hermano llegaba a casa con un nuevo trofeo, simplemente parecía añadirle leña al fuego y esto dejaba al niño de cuatro años abatido por no tener un trofeo propio.

En el curso de la semana durante nuestras reuniones de niños, los chicos habían estado aprendiendo acerca de escuchar la voz de Dios, y en las tardes la familia practicaba escuchar la voz de Dios juntos. Una noche, mientras la madre metía a sus hijos en la cama, ella los animó a escuchar a Dios durante la noche. Temprano, a la mañana siguiente, el hijo menor salió corriendo de su habitación, lleno de emoción y de gozo, gritando: "¡Me dieron un trofeo!". Él estaba brillando de oreja a oreja y estaba muy emocionado.

"¿Qué quieres decir?", le preguntaron sus padres. El pequeño comenzó a explicar que durante la noche había tenido un sueño. En el sueño, Jesús se acercó a él y le dijo: "¡Eres tan bueno amando a la gente! ¡Eres el campeón del amor! Así que te voy a dar el mejor trofeo. ¡Te ganaste un trofeo de Jesús!". Esto era todo lo que el niño necesitaba escuchar. ¡Cada gramo de inseguridad fue arrancado de su corazón y él estaba muy orgulloso y emocionado de ser el poseedor de un Trofeo de Jesús!

¿No es hermoso? ¡Dios es tan perfecto y tan grande! Dios se encuentra con nosotros en la manera en que lo necesitamos! Esta madre estaba tan emocionada de contarme la historia, dijo que su hijo estaba caminando con vitalidad, y que estaba muy emocionado y bendecido por Jesús.

## EL GUARDIÁN DE MI VENTANA

A los dos años tuve el primer encuentro con Jesús del que tengo memoria. Durante ese tiempo, nuestros vecinos tenían gallos. Como era una niña curiosa, probablemente pasé mis dedos al otro lado de la valla y sin duda me picotearon. Cualquiera que fuera la causa, desarrollé un terrible temor de que los gallos entraran en la noche por mi ventana y me picotearan cuando me quedara dormida. Traumatizante, lo sé. De cualquier manera, mi temor a estos gallos que podían entrar por mi ventana para picotearme, me hizo pasar muchas, muchas noches llorando de angustia.

Mis padres intentaron todo lo que podían para consolarme, explicándome que los gallos no podían abrir ventanas y que yo estaría bien, pero nada parecía funcionar. Después de varias noches de tratar de consolarme sin resultado, mis padres decidieron que iban a tener que dejarme llorar. Me explicaron que si lloraba, ellos no entrarían en mi habitación. Simplemente tendría que arreglármelas sola. Bien, lloré. Lloré mucho. Yo estaba totalmente fuera de control gritando de temor, entonces, me detuve de repente. Mi mamá entró de un salto a verme, pensando que me estaba ahogando o algo, pero mi papá la detuvo. Le dijo que no entrara, que simplemente me dejara sola, porque me encontraba bien.

Mis padres sabían que era muy raro que dejara de llorar tan abruptamente. Los niños normalmente se tranquilizan poco hasta quedarse dormidos, pero yo simplemente me detuve a medio grito. Ellos me dejaron y temprano en la mañana salí corriendo de mi habitación gritando: "¿Vieron a Jesús?".

"¿Qué?", preguntaron mis padres. Les expliqué a detalle que Jesús entró en mi habitación cuando estaba llorando y me dijo que no necesitaba llorar, porque Él se sentaría en mi cama (les mostré justo dónde se sentó) y que protegería mi ventana por mí. Yo no necesitaba preocuparme. Mis padres se sorprendieron y se asombraron, y yo estaba de lo más feliz. Nunca lloré de nuevo por temor a que los gallos entraran por mi ventana. Jesús estaba conmigo. Jesús siempre vigilaría mi ventana.

# EL ENCUENTRO DE CONNER

U NOS AMIGOS MÍOS tienen un hijo llamado Conner, quien tuvo un encuentro radical con Dios cuando tenía diez años. Dejaré que su papá, Ben, le cuente la historia en sus propias palabras.

Hace dos o tres años, Conner tuvo un encuentro extremo con Dios. Yo era parte del personal de la iglesia donde estaba la escuela a la que Conner asistía. Un día, me encontraba caminando por la capilla de la escuela de Conner y escuché un grito y risas que venían de adentro, de manera que pensé que debía entrar a ver qué estaba sucediendo. Lo primero que vi dentro de la capilla fue a los alumnos y a los maestros, incluyendo al director de la escuela, en un círculo al frente. Muchos de los niños estaban llorando y clamando a Dios. Entonces, uno de los maestros se dirigió hacia la parte trasera y me dijo: "Su hijo es quien está en medio del grupo en el suelo. ¿Puede venir a ayudarnos?".

Me dirigí hacia el frente y vi a mi hijo, Conner, gimiendo, sacudiéndose y retorciéndose en el suelo. A veces gruñía o clamaba, e incluso gritaba bañado en lágrimas. Uno de sus maestros estaba sosteniendo su cabeza para que no se golpeara contra el piso cuando otra ola de la presencia de Dios viniera sobre él. La intensidad del encuentro era aterradora. Los niños alrededor estaban recostados sobre el suelo gimiendo y clamado a Dios, manteniendo su distancia de Conner, pero lo suficientemente cerca para tocarlo con la punta de los dedos. Otros solamente veían lo que estaba sucediendo con preocupación y sobrecogimiento.

Yo me recosté junto a él, sostuve su cabeza y pregunté durante cuánto tiempo había estado sucediendo. Los maestros respondieron: "Durante casi una hora". Tanto el rector de la escuela como el director, me preguntaron: "¿Es Dios, se encuentra bien?". Susurré al oído de Conner: "¿Es Dios, te encuentras bien?". A través de lágrimas y los gemidos, Conner asintió con su cabeza.

La presencia incrementó en olas y con cada nueva ola, el cuerpo de Conner se levantaba del piso sesenta o noventa centímetros [dos o tres pies] y bajaba sacudiéndose, gimiendo y llorando. La siguiente reunión con estudiantes mayores estaba a punto de comenzar en el mismo salón y los maestros me preguntaron: "¿Debemos detenerlo?". Les dije que no y que debíamos llevarlo detrás del escenario donde no fuera molestado. Durante la siguiente hora lo sostuve entre mis piernas para evitar que se lastimara por las manifestaciones.

En este punto, las cosas se desequilibraron y se volvieron tenebrosas para mí como papá. Conner comenzó a mostrar gestos como aquellos de los niños con desórdenes de desarrollo. Empezó a arrastrar las palabras y a tirar de su boca con el dedo. También comenzó a sacudir su cabeza hacia atrás y hacia delante, a poner los ojos en blanco como si no pudiera enfocarlos en lo físico. Sabía que en ese punto, el espíritu de Conner estaba alejándose cada vez más de su cuerpo físico.

A pesar de mi temor de que no saliera de ese estado mental, mi oración continua era que Dios fortaleciera su cuerpo mortal, de manera que pudiera recibir todo lo que Él tenía para el niño. Clamé: "Dios, te confío a mi hijo. ¡Esto es por lo que siempre hemos orado!". Hice estas dos oraciones una y otra vez. Mire, una cosa es estar en medio de un encuentro aterrador y desconocido con Dios, pero otra cosa completamente distinta es seguir adelante en un encuentro de esta intensidad con su hijo. Realmente muestra qué tan bueno creemos que es Dios. También tiene que saber que la única vez que yo había visto manifestaciones tan intensas fue cuando alguien estaba siendo liberado de una posesión demoníaca. Yo sabía que esto era algo completamente distinto, algo mucho más poderoso y aterrador.

Pasaron dos horas completas y yo debía asistir a una reunión de misiones en las mismas instalaciones de la escuela de mi hijo. Nadie podía cubrirme en ese momento. Sin desear terminar lo que Dios estaba llevando a cabo, llevé a mi hijo retorciéndose al otro lado de las instalaciones, hacia la reunión y lo coloqué en la parte trasera del salón mientras dirigía la reunión. No necesito decir que tuvimos un tiempo poderoso en nuestra reunión ese día. Cuando cerramos la reunión, Conner comenzó a regresar. El jadeo comenzó a relajarse y la conciencia pareció regresar a sus ojos, como si pudiera ver las cosas físicas de nuevo. Entonces pudo hablar de nuevo y estaba intensamente sediento.

Después de darle agua y de permitirle descansar un momento, le pregunté qué había sucedido. Conner dijo que la adoración había estado buena ese día y que la presencia de Dios había venido al salón. Él comenzó a gemir y cayó al suelo cuando aumentó el peso de la presencia de Dios. Yo le pregunté qué sucedió durante el encuentro y él pudo llevarme a través de su experiencia. Dijo: "Papá, vi la mano de Jesús y tenía un hueco en ella. Él puso su mano sobre mí mientras yo estaba en el suelo. Cuando Jesús puso su mano sobre mí, mi cuerpo se levantó del suelo y pude sentir el poder de Dios recorrer todo mi cuerpo. También pude verlo. Era luz, como una luz blanca y azul que recorría todo mi cuerpo. Entonces mi corazón se encendió con fuego y puede ver a todos mis amigos, y puede ver cuál corazón estaba en fuego y cuál no".

Esto sucedió durante el primer servicio. Entonces cuando llevamos a Conner detrás del escenario, él dijo ver que se le acercaba un ángel con rasgos africanos. Dijo que el ángel se parecía a Dios en la película *El regreso del Todopoderoso*. Ese fue el papel de Morgan Freeman en la película. Conner dijo que el ángel tenía tres brazos: dos a los lados como un humano y un tercero que salía de su espalda y pasaba sobre su cabeza.

Conner dijo que el ángel lo llevó a un globo y le dijo que deseaba mostrarle algo. Mientras el ángel lo acercaba al globo con sus tres brazos, le pidió a Conner que mirara, y el globo en realidad era todo el mundo. Cuando Conner miró, vio a África y al continuar mirando, su visión se enfocó en África hasta que pudo ver a las madres, los padres y los niños de todo el continente. Él dijo que estaban riendo y danzando, y alabando a Dios, porque "¡ya no tenían hambre!". Ellos tenían todo lo que necesitaban.

Cuando llevé a Conner a la reunión de misiones, dijo que estaba volando y que más tarde regresó en sí. En diferentes puntos a lo largo del encuentro, Conner dijo que podía vernos a todos, pero que él estaba en otro lugar al mismo tiempo y podía ver otras cosas. Dijo que a veces se sentía muy lejos y que solamente podía escuchar sonidos débiles de nosotros. Estas fueron las veces en que su cuerpo no estaba funcionando normalmente.

Dos cosas únicas que también sucedieron ese día fueron que en el mismo momento del encuentro de Conner con Dios, mi esposa, Heather, estaba tomando fotos de la familia Toledo. Y que la conferencista especial invitada a la capilla infantil, una misionera en África, no pudo llegar al servicio por alguna razón.[1]

El encuentro de Conner fue muy poderoso y tuvo efectos dramáticos en él. Yo me encontraba con su madre, Heather, en ese momento porque ella le estaba tomando fotos a mis hijos. Ella recibió una llamada telefónica para informarle que algo dramático estaba sucediéndole a Conner y que se lo habían llevado de la escuela en un encuentro profundo con Dios. Ben lo explica muy bien. Esto es algo por lo que oramos como padres y que realmente deseamos que nuestros hijos experimenten. Sin embargo, a la vez, el paquete en el que viene envuelto algunas veces puede ser incómodo y aterrador.

Me encanta que tanto Ben como Heather hayan podido permanecer en un estado de paz y de ánimo, así como que hayan tenido la sabiduría de preguntar: "¿Es Dios?", y: "¿Esto está bien?". Conner nunca jamás olvidará esta experiencia. Su corazón fue encendido en llamas. Me encantan los caminos de Dios: tan únicos, tan inexplicables. Me fascina que después de llenar a Conner con su poder y su luz, le permitió ver lo profundo de África y escuchar los sonidos de gozo de la gente, diciendo: "¡Ya no estamos hambrientos!". Esa promesa profética será un parte aguas en la vida de Conner. No sé por qué es que él necesitaba verlo. No sé por qué Dios deseaba que él escuchara eso, pero así es. Dios lo sabe. Dios sabe lo que vendrá para Conner en el futuro. Dios sabe lo que necesitaba depositar en Conner en ese momento. Solamente Dios. Y Dios es definitivamente fiel y sabio. Él es alguien fuera de lo común, sus caminos no son nuestros caminos. Pero, cuan gloriosos y hermosos son sus caminos.

He aprendido algunas cosas al ver cuando Dios se encuentra con la gente. Algunas veces los encuentros más profundos son sencillos, silenciosos y privados. Algunas veces elije encontrarse con la gente en una manera dramática e inexplicable.

Fue así a lo largo de la Biblia. Las historias de visitaciones angelicales durante las cuales la gente se sacude y cae, no son raras. A veces, nuestro cuerpo mortal no puede soportar la poderosa presencia de Dios.

Yo no sé por qué Dios se encuentra con algunas personas de una manera y de una forma diferente con otras. Todo lo que sé es que con el pasar del tiempo respeto y aprecio más *cada* forma en la que Dios elige encontrarse con la humanidad. Qué honor. ¡Qué regalo! El Dios vivo está apasionado por buscarnos, por encontrarse con nosotros y por revelársenos. Dios no solamente es un concepto que tengamos que reconocer intelectualmente. Debido a que Él creó a la humanidad en el huerto, Dios siempre ha deseado que nosotros lo conozcamos y que lo experimentemos. A Dios le encanta irrumpir en el plano natural con su poder, su gloria y su amor, ¡y qué bueno que así lo hace!

Le pido al Señor que todos nosotros mantengamos un estado de ánimo de paz y confianza al invitar al poder y al amor de Dios a entrar en nuestra vida. Aunque su Espíritu nos lleve por un camino desconocido, seremos para siempre marcados y transformados.

> Dichosos los de corazón limpio, porque ellos verán a Dios.
>
> —Mateo 5:8

> En aquel tiempo Jesús dijo: Te alabo, Padre, Señor del cielo y de la tierra, porque habiendo escondido estas cosas de los sabios e instruidos, se las has revelado a los que son como niños.
>
> —Mateo 11:25

> Los hijos y las hijas de ustedes profetizarán [...] y [tendrán] visiones los jóvenes.
>
> —Joel 2:28

Hoy día Conner está feliz y saludable. Sus padres aún no entienden del todo por qué Dios tuvo un encuentro con él de manera tan dramática. No obstante, se alegran de haberle permitido a Dios que obrara en la vida de su hijo, aunque la experiencia fue aterradora e incómoda.

## PARTE TRES

# ORACIONES QUE CAMBIAN LA HISTORIA

*Por causa de tus adversarios has hecho que brote la alabanza de labios de los pequeñitos y de los niños de pecho, para silenciar al enemigo y al rebelde.*

—SALMO 8:2

*Ciertamente les aseguro que el que cree en mí las obras que yo hago también él las hará, y aun las hará mayores, porque yo vuelvo al Padre. Cualquier cosa que ustedes pidan en mi nombre, yo la haré; así será glorificado el Padre en el Hijo. Lo que pidan en mi nombre, yo lo haré.*

—JUAN 14:12–14

# 8
# ORACIONES QUE CAMBIAN LAS LEYES

N EL 2002, los niños de Kenia, como santos en el reino, estaban siendo muy empoderados. Comenzaron a darse cuenta de que tenían voz en los cielos y de que realmente estaban sentados con Cristo. Yo comencé a escuchar muchos reportes acerca de grupos de niños que se estaban reuniendo para ayunar, orar y buscar juntos a Dios. Esto estaba sucediendo principalmente en la parte occidental de Kenia, pero comenzó a esparcirse a otras regiones a medida que los niños recibían la visión.

Estos niños estaban buscando a Dios por su familia, su escuela, su comunidad y su nación. Asistían a algunas de estas reuniones de oración y a menudo había grupos de niños amontonados en una habitación, normalmente unos sobre otros. Uno de los niños más grandes los dirigía para entonar algunas canciones. Ellos cantaban en voz alta y con gozo juntos. Entonces oraban. Sus oraciones eran hermosas: sencillas, humildes, sinceras y poderosas. Recuerdo haber pensado: "Si yo fuera Dios, nunca me podría resistir ante estas oraciones". Simplemente eran tan puras.

En 2002, uno de los problemas principales que afectaba el bienestar de los niños de Kenia era el hecho de que la educación gratuita no existía. De hecho, la educación primaria gratuita no había estado disponible desde la década de 1980 y masas de niños deambulaban por las calles sin esperanza de obtener educación. Los niños de comunidades más pobres eran los más afectados y, debido a que los padres debían trabajar todo el día, muchos de los niños del país se encontraban descuidados y sin protección.

No solamente no se les daba mucha esperanza de un futuro prometedor a estos niños, sino que el hecho de que los niños no estuvieran en la escuela durante el día, los hacía extremadamente vulnerables. Los niños eran comúnmente víctimas de abuso, de abandono y de explotación. Para entonces, el presidente keniata, Daniel Arap Moi, había estado en el poder desde 1978 y parecía llevar las riendas del liderazgo del país. Con el mismo gobernante en el poder durante veinticuatro años, las cosas ciertamente se sentían inamovibles, al menos para algunas personas.

Cuando el presidente Moi comenzó a dirigir el país en 1978, inicialmente mostró mucha preocupación por los problemas que afectaban a los niños. Pero debido al aumento de la violencia y la corrupción en toda la nación, la economía había sido afectada y muchos de los programas nacionales habían sido recortados. Los niños decidieron enfocar sus oraciones alrededor de este problema. Estaban convencidos de que Dios tenía un gran plan para los niños de Kenia y que era injusto que ellos no tuvieran acceso a la educación.

Ellos comenzaron a orar fervientemente. Los niños de toda la nación continuaron en oración y declararon un cambio en las leyes que bloqueaban lo que Dios deseaba para los niños de esa nación. Durante esos tiempos de oración y ayuno, los niños declararon un cambio en las leyes y una liberación de lo que Dios deseaba llevar a cabo a través de los niños de Kenia.

Con las elecciones por llegar, los niños enfocaron sus

oraciones mucho más en una transición de poder pacífica y sin violencia del poder. En cuestión de meses, hubo un cambio completo y pacífico de gobierno y un nuevo presidente, Mwai Kibaki, asumió el poder el 30 de diciembre del 2002. En menos de una semana implementó una nueva política universal de educación primaria, la cual les daba acceso a todos los niños de todo el país a la educación gratuita. Este fue un gran éxito y los niños celebraron la victoria en todos lados.

Las oraciones de estos niños no solamente ayudaron a cambiar la ley de su nación, sino que afectaron los niveles de violencia en su comunidad. En Bungoma había un grupo importante de criminales llamado *"Mojo Kwaisha"* (que significa algo como "Ellos llaman una vez a la puerta y todo es destruido"). Este grupo problemático era conocido por saquear aldeas enteras. Robaban, violaban, golpeaban y traumatizaban a todo aquel con quien tuvieran contacto.

Aunque los niños estaban orando para que las leyes de su nación cambiaran, ellos sabían que también necesitaban orar para que la violencia terminara. Enfocaron gran parte de sus esfuerzos de oración en este problema y durante este tiempo de oración y ayuno, ¡algunos de estos criminales fueron arrestados o asesinados por la policía y traídos a la salvación! Los niños pronto estaban en la escuela y su comunidad tenía paz de nuevo. Es verdaderamente como dice Salmo 2:8: "Pídeme, y como herencia te entregaré las naciones; ¡tuyos serán los confines de la tierra!".

# UN MILLÓN DE ÁNGELES

En DICIEMBRE DE 2001, mientras estaba viviendo en Kenia, me enfermé gravemente de una "enfermedad tropical no diagnosticada". Me hospitalizaron y, debido a la severidad de mi enfermedad, no me dieron muchas esperanzas de sobrevivir. Todo sucedió muy rápido; de pronto estaba muriendo sola en un hospital de África en la época navideña.

Mi familia acababa de enterarse de que yo estaba enferma y estaban intentando resolver cómo llegar a dónde me encontraba. Yo había podido mantener un ánimo bastante positivo, pero mientras estaba ahí en mi cuarto de hospital, escuché a los cantantes navideños que pasaban por el hospital. Escucharlos cantar me trajo todos los cálidos y tiernos recuerdos que tenía de la Navidad con mi familia. De pronto, por primera vez desde que comenzó la dura experiencia, comencé a llorar.

Me cubrí el rostro con la delgada sábana y simplemente lloré en silencio en mi cuarto. Susurré una oración entre mis lágrimas: "Dios, me siento muy sola. Desearía que hubiera por lo menos una persona aquí conmigo ahora, solo una persona que me conozca y me ame". Me sentí abrumada por la soledad. Me quedé dormida en la soledad debajo de mi sábana.

Yo no sé si usted alguna vez ha tenido un sueño tan real que no sabe si sucedió o no, pero eso es lo que yo experimenté ese día. Todavía no estoy completamente segura de si lo que sucedió fue real o fue un sueño. De cualquier modo, me cambió. Lo primero que sucedió fue que pude ver a un caballero sentado en la sala de espera del hospital, justo afuera de la puerta junto a la estación de enfermeros. Vestía un uniforme militar y de alguna manera yo supe que era un oficial de alto rango. Permanecía sentado casi todo el tiempo, pero de vez en cuando caminaba de un lado a otro.

Parecía estar muy ocupado con algo y constantemente consultaba a las enfermeras. Cuando se dio cuenta de que yo podía verlo, me guiñó el ojo y me dijo con dulzura: "Me aseguraré de que salgas de aquí bien, niña". La esperanza inundó mi corazón. ¿Quién era este hombre? ¿Estaba despierta? ¿Estaba soñando? ¿Era un ángel?

De pronto escuché que el Señor me dijo: "Levántate y mira por la ventana". De manera milagrosa, me pude mover en mi cama (estaba conectada a muchos tubos y máquinas), me levanté y caminé hacia la pequeña ventana justo al lado izquierdo de mi cama. Una vez ahí, me asombré de lo que vi. Todo el estacionamiento y más allá estaba lleno de soldados en guardia, formados perfectamente. ¡Parecía ser un millón de soldados!

La realidad llegó a mis pensamientos de pronto. ¿Por qué había un millón de soldados rodeando el hospital? ¿Qué estaba sucediendo? De repente, de manera muy clara, escuché que el Señor me habló. Me dijo: "¡No estás sola! No tienes idea de cuántos ángeles he enviado a estar en guardia por ti".

¡Yo estaba completamente abrumada por la bondad de Dios para conmigo! Comencé a llorar con mucha gratitud. De pronto cambió la escena y yo me encontraba siendo dada de alta del hospital. El general de la sala de espera tenía un ramo de flores para mí en su brazo derecho y yo estaba sosteniéndome de su brazo izquierdo mientras él me ayudaba a caminar lentamente por el pasillo, a dar la vuelta, a bajar un tramo de escaleras, a llegar a otro pasillo y finalmente a salir por una puerta de dos hojas que llevaba justo al estacionamiento que había visto desde mi ventana. Tan pronto como salimos, el sol me cegó momentáneamente. Entonces, todo lo que pude ver fueron sombreros militares volando mientras un millón de soldados vitoreaban y silbaban.

La experiencia me hizo sentir absoluta y locamente amada y querida por mi Padre celestial. En lo que fue probablemente el momento más solitario de mi vida, ¡Dios me había enviado un millón de ángeles en guardia por mí! Bien, la historia se pone mejor. No supe esta parte de la historia sino hasta meses después, cuando una mujer se acercó a mí después de que regresé a casa a California. Ella me dijo: "¡Muero por preguntarle algo! ¿En dónde estuviste, qué sucedió contigo tres días antes de Navidad?". Antes de que pudiera responderle, ella me contó con emoción esta historia.

"Bueno, tres días antes de Navidad, antes de las cinco de la mañana, nuestra hija Tabitha [de cinco años] fue corriendo a nuestra habitación muy alarmada y nos despertó. Cuando le preguntamos qué estaba sucediendo, ella insistió que necesitábamos despertarnos en ese momento y orar por usted. Nosotros dijimos: 'De acuerdo Tabitha, oremos'. Ella argumentó que debíamos salir de la cama y arrodillarnos junto a su cama. Pensando que eso era extraño, pero definitivamente viendo la seriedad y la intensidad del asunto, salimos de la cama y nos arrodillamos con ella. Ella comenzó a orar con mucha pasión: 'Querido Jesús. Tú sabes exactamente lo que Jennifer necesita. ¿Por favor le enviarías un millón de ángeles ahora mismo? Gracias, Jesús'".

Tan pronto como terminó de orar, ella sintió un alivio y regresó a la cama. Sus padres pensaron que eso era muy desesperado.

Ella nunca había hecho nada similar antes y ellos habían estado ansiosos por saber lo que me había sucedido ese día.

De verdad no puedo comprender a Dios algunas veces. ¡Me asombra! Dios despertó a una niña de cinco años de California y le pidió que orara para que me enviara un millón de ángeles a Nairobi, Kenia. Ella escuchó la invitación, obedeció y sus oraciones literalmente hicieron que un millón de ángeles fueran enviados a África.

No solamente eso, sino que cuando ella oró a las cinco de la mañana, eran las tres de la tarde en Kenia, poco antes de que los cantantes navideños pasaran por el hospital. Dios ya había proporcionado la provisión antes de que yo siquiera la necesitara. En el momento en que tuve mi pequeño colapso bajo la sábana, la provisión necesaria ya había sido enviada desde el cielo.

No puedo evitar preguntarme por qué Dios eligió utilizar a esta niña en particular del otro lado del mundo, en lugar de alguien más. La realidad es que cuando me enfermé, una hermana le envió un mensaje a todo el mundo, llamando a la gente para que orara por mí. Hubieron muchos líderes con autoridad en el espíritu orando por mí. Sin embargo, Dios eligió utilizar a una niña para colaborar con Él en mi milagro. No comprendo completamente los caminos de Dios, pero lo que sé, es que me encantan.

Tendré que escribir otro libro para contarle toda la historia de cómo Dios me sanó, ¡porque es *asombroso*! Pero por ahora, tendrá que conformarse con saber que el día después de la experiencia, Jesús fue a mi cuarto de hospital y me practicó una cirugía, ¡y fui sanada instantáneamente! Fue el milagro más dramático que he experimentado personalmente. Los médicos estaban impactados y no había ninguna explicación clínica de lo que sucedió.

Un querido pastor keniata llamado Simon, un hombre que había sido como un padre para mí, apareció en el hospital para darme flores y llevarme a casa cuando me dieron de alta en el hospital. Finalmente estaba fuera de la cama de hospital. Me había puesto mi propia ropa y acababa de ponerme los zapatos, cuando miré y vi a Simon. Me sentí muy consolada con su presencia. Él tomó mi brazo en el suyo, ya que yo todavía estaba muy débil y necesitaba retomar la fuerza por todo lo que mi cuerpo había pasado. Me así de su brazo mientras él me ayudó a salir lentamente de mi cuarto, por el pasillo, a dar la vuelta, por un tramo de escaleras y finalmente por la puerta de doble hoja que me llevó justo al estacionamiento.

No fue sino hasta entonces que todo tuvo sentido. Fue justo como había sucedido en mi experiencia. Yo estaba asida del brazo izquierdo de Simon, él tenía un ramo de flores para mí en su brazo derecho y me acababa de sacar del hospital por la puerta trasera, exactamente como el general lo había hecho en mi experiencia sobrenatural. Cuando Simon abrió la puerta de doble hoja, fui cegada por la hermosa luz del sol que no había visto en varios días. ¡Inmediatamente supe que un millón de ángeles estaban celebrando! No pude evitar ser abrumada por la emoción y la gratitud. ¡Él lo había hecho! Fue tal como Salmo 91:11 promete: Dios les ordena que sus ángeles me cuiden en todos mis caminos.

# 10
## CUANDO LAS ORACIONES ESTREMECEN LAS TINIEBLAS

UNA VEZ EN Kenia, hubo mucha oración dirigida contra la hechicería en las comunidades locales. Los niños se reunían cada semana y tenían tiempos intensos de intercesión durante los cuales oraban específicamente que Dios destruyera el poder de la hechicería, la brujería y la adivinación en la comunidad. Más tarde descubrimos que esas oraciones eran realmente fastidiosas para un hechicero local y él deseaba asegurarse de que se detuvieran. Insistió en que las oraciones de los niños habían provocado que muriera la serpiente que utilizaba para la hechicería y deseaba vengarse.

Al mismo tiempo, Patrick, el pastor de Bungoma que había encabezado el movimiento infantil que mencioné en el capítulo 1, estaba planeando un gran campamento para niños con la colaboración de otros pastores de niños. Estaban esperando una asistencia de ochocientos niños y cien adultos. El primer día del campamento, el equipo preparó un gran banquete matutino para todos los niños y estaban planeando servir chai tradicional, que es té negro fuerte mezclado con leche y azúcar.

Debido a que los pastores de niños estaban auspiciando un evento tan grande y los niños estaban asistiendo de toda la región, les pidieron a varios miembros de la comunidad que consideraran donar comida para el evento. El hechicero cuya serpiente había muerto, escuchó acerca del evento y lo vio como una oportunidad para "castigar" a aquellos que habían estado dificultando su trabajo. Se disfrazó de una persona religiosa y donó diez litros de leche, los cuales envió al campamento con otra persona.

Sin que nosotros supiéramos, el hechicero había combinado veneno de su serpiente ahora muerta, con otros venenos y los había mezclado en la leche. Era suficiente veneno para matar a muchas personas. La leche fue entregada a la iglesia, donde el equipo se estaba preparando para la llegada de los niños. Varios de los maestros de la escuela dominical habían pasado la noche en la iglesia, para que pudieran despertarse temprano y preparar la comida para el banquete matutino.

Mientras preparaban el chai, Dios, en su inquebrantable amor y fidelidad, habló al corazón de dos de los líderes y les dijo que la leche no era segura y que debían desecharla. El equipo desechó la leche donada que tenían (incluso la leche buena) y decidió simplemente hacer té negro para todos. Alguien tenía suficiente efectivo para comprar tres paquetes pequeños de leche, pero era apenas suficiente para hacer chai para veinte personas; de manera que decidieron servir el chai para algunos de los invitados distinguidos y que todos los demás tomaran té sin leche.

El chai (con leche) llenó tres teteras medianas y los niños que servían el té recibieron la instrucción de servirlo primero a los invitados distinguidos. Para entonces, los niños habían llegado al campamento y se reunieron en el pasillo alabando y adorando a Dios. Antes de que los líderes se dieran cuenta de lo que había sucedido, ¡los niños habían servido más de 150 tazas de chai con leche y las tres teteras estaban tan llenas como cuando comenzaron!

Después de que los líderes se dieron cuenta de lo que estaba sucediendo, les permitieron a los niños continuar sirviendo té y, para sorpresa de todos, ¡la cantidad de esas tres teteras nunca varió! ¡Los ochocientos niños estaban tomando té con leche gozosos, al igual que los otros cien adultos! Ese fue el primero de los muchos milagros de ese día. La comida se multiplicó también y todos disfrutaron del festín. Muchas personas fueron salvas y muchas recibieron sanidad física. Una niña fue completamente sanada de epilepsia durante la reunión de los niños de ese día.

Ese día más tarde, Patrick sintió que el Señor le dijo que mirara el lugar donde habían desechado la leche. Habían pasado entre siete y nueve horas desde que se había desechado la leche ahí. Un olor fétido salía del lugar donde la leche había sido derramada, porque los insectos y las ratas que la habían probado, habían muerto inmediatamente. Un perro que lamió la leche también yacía muerto.

Patrick recuerda regresar al salón lleno de ochocientos hermosos niños cantando y alabando apasionadamente, y pensando que sin la divina intervención de Dios, todos habrían podido haber muerto. Pero en cambio, Dios no permitió que ningún arma forjada contra ellos, prosperara (Isaías 54:17). El hombre que envenenó la leche esperó escuchar la historia de una muerte masiva y se enfureció al escuchar de que hubo salvaciones, milagros y sanidades en lugar de ello.

En el tercer día del evento, finalmente, el hechicero fue al campamento donde se estaban reuniendo los niños y le preguntó al personal si habían utilizado la leche que él había donado. Patrick le dijo que la leche había sido "muy dulce y que Dios la había multiplicado lo suficiente para novecientas personas". Ellos continuaron contándole acerca de los milagros que estaban sucediendo. Lleno de rabia, ¡el hombre se levantó rápidamente y se marchó![1]

## PARTE CUATRO

# SOLTAR A LOS NIÑOS EN UN MUNDO QUEBRANTADO

*Así que somos embajadores de Cristo, como si Dios los exhortara a ustedes por medio de nosotros: En nombre de Cristo les rogamos que se reconcilien con Dios.*

—2 Corintios 5:20

# 11
## ENCONTRAR A BARB

J ESSE ERA UN dulce y activo niño de siete años a quien le encantaba tomar riesgos. Algunas veces sus riesgos lo metían en problemas. Pero cuando canalizaba su pasión hacia Dios, ¡sucedían cosas asombrosas! Me encanta llevar a Jesse a eventos de alcance, porque él no conoce el miedo. Una mañana en particular, yo estaba ayudando a un grupo de niños a prepararse para un evento de alcance que íbamos a dirigir ese día más tarde. Les dije que encontraran un lugar callado en la habitación y que pasaran un tiempo orando y pidiéndole a Dios por las personas con las que Él los llevaría ese día.

Los niños hicieron dibujos o escribieron palabras de ánimo para entregar cuando encontraran a la gente de la que Dios les había hablado, mientras Dios les mostraba cosas. Jesse se sentó acurrucado en el suelo, tratando intensamente de concentrarse en lo que Dios le estaba diciendo. De pronto, se enderezó, tomó unos lápices de colores y comenzó a trabajar en una tarjeta. Después de un rato, yo me encontraba haciendo rondas en toda la habitación, vigilando a todos; pasé junto a Jesse y vi una linda tarjeta que decía al frente "Para Barb".

Le pregunté acerca de la tarjeta y me dijo que Dios le había dicho que conocería a una mujer llamada Barb de cabello castaño y que Dios tenía un mensaje especial para ella. Abrí la tarjeta y había escritas las dulces palabras: "Barb, Dios no se ha olvidado de ti. Eres la estrella de sus ojos". Jesse había decorado la tarjeta con amor y la había llenado de estrellas. ¡Me encantó! Continué por preguntarle a Jesse si había orado acerca de dónde estaría Barb (en qué grupo debía estar ese día), y rápida y animadamente me dio un: "¡Sí! Estará en Walmart".

"¡Perfecto!", dije. Más tarde ese día, Jesse subió a la camioneta que se dirigía a Walmart. Teníamos asignada una hora para que los niños caminaran alrededor de sus ubicaciones de alcance y le mostraran amor a la gente, le entregaran sus tarjetas y dibujos, y vieran lo que Dios podía hacer. Jesse no perdió el tiempo. Con su tarjeta en mano, comenzó a recorrer cada pasillo de Walmart, preguntándole a cada mujer de cabello castaño si su nombre era Barb. Digo, ¡eso es tener dedicación de verdad! Después de alrededor de veinte minutos de registrar Walmart, Jesse se acercó a una mujer y le preguntó si su nombre es Barb, y ella dijo: "¡Sí! Soy Barb".

Una mirada de completa satisfacción y logro inundó el rostro de Jesse y él le dijo: "¡Perfecto! La he estado buscando, porque tengo una tarjeta para usted de parte de Dios". Barb no sabía qué pensar, pero se agachó y tomó la tarjeta que Jesse le entregó con emoción. Ella leyó la parte frontal: "Para Barb". Entonces la abrió. Sus ojos leyeron las palabras e instantáneamente comenzaron a caer lágrimas por sus mejillas. Jesse comenzó a compartirle que Dios le había dicho que ese día la encontraría y que de verdad deseaba que ella supiera que Él la ve, la conoce y la ama, y que ella es la estrella de sus ojos.

La mujer simplemente lloró en medio del pasillo de Walmart. Se llevó la tarjeta hacia su corazón y le dijo a Jesse que estaba absolutamente agradecida por la tarjeta y por él. Ella le dijo que un ser amado acababa de morir y que había estado preguntándose si Dios de verdad sabía lo que ella estaba pasando o si existía. Ella estaba tan desecha por el amor de Dios y por su extravagancia al buscarla. No podía creer que ese pequeño niño había sido usado por Dios para encontrarla y para tranquilizar esta enorme batalla en su interior. Barb encontró a Jesús a través de Jesse ese día en Walmart y no sería la misma nunca más.

# 12
## LOS NIÑOS DE COLIMA

Tuve el privilegio de ministrar a un increíble grupo de niños en Colima, México. Estos niños tenían fuego por Dios y una grande pasión por compartir su fe. Después de varios años de ministerio y entrenamiento, habíamos planeado terminar la semana llevando a los niños a las calles de la ciudad para evangelizar y que oraran por su comunidad. ¡Los niños estaban muy emocionados y apenas podían esperar! Sus líderes habían ayudado a los niños a orar y a buscar a Dios con respecto al vecindario en particular en el que debían enfocarse, y los niños estaban impacientes por salir y derramar su amor sobre la gente. Separamos a los niños en grupos de cuatro o cinco (teníamos alrededor de sesenta niños en total). Y las edades de los niños iban de los cuatro a los doce años.

Enviamos a un adulto con cada grupo de niños, pero les explicamos claramente a los adultos que estábamos ahí solamente para cuidar a los niños y para animarlos, no para tomar el mando o "dirigir". Realmente deseábamos que los niños se extendieran y que tomaran el liderazgo. Teníamos varios puntos qué cubrir y decidimos regresar al punto de reunión en cuatro horas.

Cada equipo recibió un área particular que cubrir, pero lo que hicieran en esa área dependía completamente de ellos. Los animamos a orar, obtener estrategias de Dios y solamente hacer lo que Él les dijera. Algunos de ellos fueron de casa en casa, preguntando si tenían necesidades de oración. Otros oraron a pie por el vecindario. Otros más llevaban flores y se las entregaban a la gente en las calles, diciéndoles una palabra de ánimo mientras lo hacían. Nosotros no debíamos darles un modelo. ¡Deseábamos darles herramientas para que pudieran colaborar con Dios y la fe para obedecer!

Algunos de los niños se quedaban frente a una casa y le hacían algunas preguntas a Dios antes de llamar a la puerta: "Dios, ¿qué deseas decirle a esta familia?, ¿qué estás llevando a cabo en esta familia?, ¿cómo podemos servir a esta familia?". Entonces, cuando llamaban a la puerta, ellos ya estaban rebosantes de lo que había en el corazón de Dios para quien abriera la puerta.

Sucedieron cosas increíbles. Los niños decían cosas sencillas como: "Dios desea que usted sepa que *Él* es su proveedor y que sabe lo que usted necesita, y Él nos envió para decirle que usted es su hija y que Él cuidará de usted". De casa en casa, la gente era abrumada por el corazón de Dios para ellos y era salva. ¡Muchas personas fueron sanadas también!

Los niños decían: "Dios nos dijo que desea sanar la espalda de alguien aquí. ¿Hay alguien que necesite sanidad en su espalda?". Efectivamente, una persona con una herida en su espalda era sanada (o cualquier dolencia que Dios les mostrara a los niños). ¡Fue increíble! Yo pensaba: "Yo no conozco a nadie que le guste ministrar de puerta en puerta. ¡A estos niños les está encantando y están sucediendo muchos milagros!".

Fue grandioso, porque hay algo cautivador en los niños. Muchas personas pensaron que iban a vender galletas o algo por el estilo. No eran para nada intimidantes, ¡eran lindísimos! ¡Siempre los invitaban a pasar a comer galletas y los niños pensaron que fue el mejor día que habían tenido jamás! Compartiendo galletas y leche, ¡familias enteras fueron salvas!

Yo estaba asombrada de la audacia que los niños de mi grupo tenían. De hecho, con toda honestidad, hubo muchos momentos en que la audacia de los niños me dejó un sentimiento más bien incómodo. Varias veces cuando se abría la puerta, lo primero que salía de la boca del niño era: "¿Puedo hacerle una pregunta? Si muriera hoy, ¿sabe si se iría al cielo o al infierno?".

Claramente, yo no era la única que se sentía un poco incómoda, ya que la persona comenzaba a avergonzarse y a luchar con la pregunta que se le hacía. Si la respuesta era "no estoy seguro", o algo por el estilo, los niños simplemente le compartían con amor a la persona cómo podía estar segura, y en cada ocasión llevaban a la gente a Jesús.

¡Yo estaba asombrada! Estos niños jamás habrían ganado un argumento teológico. Muchos de ellos ni siquiera sabían cómo leer la Biblia. Pero ellos tenían una pureza y una fe asombrosas, ¡y presentaban a Jesús en una manera irresistible! Quedé atónita cuando en una casa tras otra la gente estaba oraba para recibir a Cristo y encontrarse con el amor de Dios por primera vez.

## UNA FAMILIA QUE ESTABA DE LUTO

Yo me sentía tentada a "ajustar" la manera en que los niños estaban interactuando con la gente. Deseaba "suavizar" su acercamiento un poco, hacer que se conectaran con la gente, relacionándose con ella antes de soltar la bomba: "Se va a ir al cielo o al infierno". Justo cuando iba a hablar con mi grupo, sentí la convicción de parte del Señor de dejarlos ser ellos mismos, incluso con su crudeza. De hecho, su crudeza era aquello que la gente encontraba estimulante. Un adulto que se acerque a otro diciendo: "¿Sabe si irá al cielo o al infierno?", probablemente no sea bien recibido. Pero la genuina sencillez y la pureza que fluían de los niños eran simplemente irresistibles.

Una puerta a la que llamamos fue particularmente única. Yo podía escuchar muchas voces dentro y sonidos de llanto. No estaba segura en qué estábamos metiéndonos, pero todo se develó rápidamente. Alguien abrió la puerta y nos explicó que el hijo de la familia acababa de morir y que toda la familia estaba reunida para llorar la pérdida. Los niños le dijeron a la madre de la familia que nosotros estábamos caminando por el vecindario orando por la gente y que nos encantaría orar por ellos. Cuando la madre nos invitó cálidamente a entrar, yo comencé a tener un mini ataque interno de pánico. No tenía idea de lo que saldría de la boca de estos niños y no tenía tiempo de darles una pequeña charla diciéndoles: "De acuerdo, la gente está realmente dolida en este momento; asegurémonos de ser súper sensibles a lo que están pasando".

Orando con desesperación en voz baja por que no ofendiéramos a la familia, me reuní con los niños y todos los miembros de la familia en la sala de estar. Toda la familia nos miró con rostros llenos de lágrimas; el dolor se sentía muy pesado en la habitación. Antes de poder decir algo, uno de los niños, con una mirada de tristeza por esta familia, dijo: "Siento mucho que su familiar haya muerto. Eso es muy triste. ¿Él conocía a Jesús? ¿Saben si está en el cielo ahora?".

Desde luego, un silencio incómodo llenó la habitación y yo deseaba desaparecer y pretender que no estaba sucediendo. El silencio incómodo duró un largo periodo de tiempo, haciéndolo aún más incómodo. Podía decir por la mirada en los rostros de la familia, que ni siquiera habían pensado al respecto. Uno de los niños mayores comenzó a compartir el amor de Dios para la familia y que la vida es tan corta que todos estaban invitados a recibir el regalo gratuito de Dios de la vida eterna.

Fue poderoso. La familia permaneció sentada absorbiendo

cada palabra que decían los niños. Uno de los niños dijo: "Todos nosotros terminaremos muertos un día. Dios nos envió con ustedes hoy, para que sepan que la muerte no tiene que ser el fin. Si ustedes desean entregarle su vida a Jesús, arrodíllense ahora". Como era de esperarse, los once miembros de la familia, incluyendo al sacerdote católico que estaba ahí, se arrodillaron e hicieron la oración para recibir a Cristo como su Señor y Salvador".

Fue muy lindo. La atmósfera de la casa cambió drásticamente y la vida y la esperanza pudieron sentirse instantáneamente. Pasamos un tiempo derramando amor sobre la familia y ellos nos pidieron que regresáramos pronto. Continuamos caminando por la calle y Dios siguió realizando cosas profundas en todos aquellos con los que nos encontrábamos.

A punto de que terminara el tiempo que teníamos asignado, escuchamos una sirena fuerte acercándose rápidamente a nosotros. Volteé y vi un vehículo de policía detenerse justo donde estábamos. Mientras el oficial salía rápidamente del vehículo, era evidente que se dirigía hacia nosotros. Confundidos acerca de la razón por la que este oficial nos estaba deteniendo, me adelanté para hablar con él. Él se nos acercó y dijo: "¿Ustedes son el grupo de niños que han estado por el vecindario hablando y orando por la gente?".

"Sí", respondí con nerviosismo. Comencé a pensar rápidamente que estaba en México, no había otro adulto conmigo, mi español era decente pero no maravilloso y, de alguna manera parecía que estábamos en problemas con la ley.

"Oh, ¡gracias a Dios!", respondió. "¡Los he estado buscando por todos lados! Varias familias me han dicho que ustedes hablaron con ellos y que sanaron o se pusieron a cuentas con

Dios. Tuve que buscarlos, porque deseo entregarle mi vida a Jesús".

En ese momento, ¡este oficial de policía se arrodilló en la acera y pudimos llevarlo a Jesús! ¡Fue increíble! Él oró con tanta sinceridad y pasión mientras permanecía arrodillado en la acera. Había escuchado que Dios estaba con nosotros y después de ponerse a cuentas con el Señor, pidió que los niños oraran por él. Tuvimos un increíble tiempo de ministración con ese oficial y él se marchó brillando ese día.

Al final de la tarde, todos los grupos se reunieron para compartir sus historias de lo que Dios había hecho. ¡Cada grupo tenía testimonios increíbles y los niños estallaban de energía y de gozo! Cada grupo compartió sus números y, en cuatro horas, ¡esos 60 niños habían llevado a Jesús a 378 personas!

Trescientas setenta y ocho personas, incluyendo al sacerdote católico y al oficial de policía fueron salvas en una tarde, mientras los niños fueron de puerta en puerta con sencillez, fe y amor. ¡Los niños son un gran regalo para nosotros!

# 13
## SALVADA POR ROSTROS SONRIENTES

ARIANNA TENÍA CINCO años y era la pequeña niña rubia de ojos azules más hermosa que hubiera visto. Ella nos había acompañado en las actividades de alcance que estábamos dirigiendo con niños en el centro de su ciudad. Algunos de los niños mayores habían hecho tarjetas proféticas y se las estaban entregando a la gente, o solo caminaban por ahí hablándole a la gente y orando por ella.

Animamos a los niños más pequeños como Arianna, que no sabía escribir, a que solamente se sentaran, vieran a la gente y le pidieran a Dios que les "señalara" a alguien. Cuando sintieran que Dios les estaba llamando la atención hacia alguien, debían preguntarle a Dios: "Si le hicieras un dibujo a esta persona en este momento, ¿qué le dibujarías?". Cuando obtuvieran la imagen, ellos debían tomar lápices de colores y una hoja en blanco y dibujar lo que vieran.

Arianna sintió que Dios le estaba señalando a una mujer que estaba caminando por ahí de compras y sintió que Dios deseaba dibujarle una imagen de rostros sonrientes. Arianna llenó su hoja de rostros felices: rostros sonrientes, rostros pequeños, rostros morados, rostros rojos, amarillos, etc. Después de que Arianna dibujara la imagen, la animamos a orar y le preguntamos a Dios por qué deseaba darle a esta mujer una imagen de rostros sonrientes. Después de unos momentos de permanecer sentada con los ojos cerrados, ella exclamó que tenía la respuesta y preguntó si uno de los miembros de nuestro equipo la ayudaría a llevárselo a la señora.

Arianna y uno de los miembros de nuestro equipo se acercaron a donde se encontraba la mujer. Arianna le entregó el dibujo y dijo: "¡Hola! Este dibujo es para usted. Es de parte de Dios". La mujer fue definitivamente tomada por sorpresa y vio los sencillos rostros felices y le sonrió amablemente a la pequeña niña. Agradeció y estaba a punto de continuar caminando, cuando Arianna dijo: "¿Sabe por qué Dios desea darle un dibujo de rostros sonrientes?".

La mujer, intrigada en este punto, dijo: "No, ¿tú sí?". Arianna dijo con total naturalidad: "Dios desea que usted sepa que Él la ve, ¡Él no está enojado con usted! ¡Él sonríe!". La mujer estalló en lágrimas justo ahí. Obviamente estaban sucediendo muchas cosas. Ella entonces le dijo a Arianna y a la mujer del equipo que la acompañaba que solía ser seguidora de Jesús, pero que se había apartado de Él y tomado decisiones equivocadas. Mientras sollozaba, dijo: "¡No puedo creer que esté sucediendo! Justo ahora estaba caminando por la calle sosteniendo una discusión con Dios en mi cabeza. Yo le decía: 'Sé que debes estar muy molesto conmigo. Sé que nunca me perdonarás'. ¡Y en ese momento, esta pequeña niña me detuvo e interrumpió mi discusión interna para entregarme este dibujo de rostros sonrientes y para decirme que Dios no está molesto conmigo!".

Nuestro equipo continuó derramando amor y ministrando a esta preciosa mujer ese día. Ella volvió a entregarle su vida al Señor y entró en la gracia y en su amor por ella. Pudo haber vivido toda su vida luchando con la vergüenza y sintiendo que Dios nunca estaría contento con ella. En un momento —en un instante— una pequeña niña de cinco años se conectó con el corazón de Dios y fue usada por el cielo para rescatarla de su prisión. La mujer fue salva a través de esos rostros sonrientes de las mentiras que la estaban destruyendo. ¡Dios es tan hermoso!

# 14
# UNA NARANJA Y UN PLÁTANO

TRES NIÑOS DE cuatro, seis y ocho años respectivamente fueron colocados en el mismo grupo cuando dividimos los equipos para salir hacia una gran aventura con el Espíritu Santo en un enorme centro comercial. Les dijimos que no había reglas, solamente necesitaban escuchar al Espíritu Santo y hacer lo que Él les dijera que hicieran. Su único objetivo debía ser amar a la gente.

Los equipos de niños comenzaron a dispersarse por todo el centro comercial y este grupo particular de niños permaneció en la entrada, orando y pidiéndole a Dios algunas pistas acerca de lo que debían hacer. (Ahora, para las mamás que están leyendo esto, no enviamos a los niños solos. Había un adulto asignado a cada grupo de niños, cuyo trabajo era interceder y ayudar si los niños los necesitaban). De cualquier forma, cuando oraron estos pequeños, le pidieron a Dios que les diera alguna señal acerca de dónde debían ir. De pronto, el pequeño de cuatro años exclamó: "¡Vi una naranja y un plátano!".

Los otros dos niños no estaban seguros de lo que eso debía significar o de cómo interpretarlo, pero el niño de cuatro años estaba muy confiado de lo que vio. De manera que le preguntaron a Dios qué significaba una naranja y un plátano. De repente, uno de los chicos tuvo una idea: "Creo que debemos ir a Orange Julius (una tienda de licuados)". Emocionados por su descubrimiento, comenzaron a dirigirse hacia el local de

117

Orange Julius del centro comercial. Cuando se acercaron al lugar, se dieron cuenta de que no había clientes, solamente una mujer detrás del mostrador.

Los chicos decidieron que Dios debía haberlos enviado por ella, así que se quedaron atrás y comenzaron a preguntarle a Dios detalles de la mujer. Uno de los chicos de pronto se sintió muy triste y les dijo a sus amigos: "Creo que ella está triste por algo". Ellos le pidieron a Dios que les mostrará qué la estaba entristeciendo tanto y uno de los chicos sintió que alguien de su familia acababa de fallecer. Estaban un poco nerviosos por entablar una conversación si acaso no hubieran escuchado correctamente, pero decidieron que no tenían nada qué perder.

Se acercaron al mostrador y se codearon, dudando quién hablaría primero. Finalmente, el niño mayor dijo:

—Perdone, ¿podemos hacerle una pregunta?

—¡Desde luego! —respondió la mujer.

—Bien, puede decirnos si nos equivocamos, pero estábamos orando por usted y sentimos que podía estar muy triste. ¿Se está sintiendo triste?

La mujer no pudo retener las lágrimas. Ella permaneció allí y asintió mientras las lágrimas caían por sus mejillas. Ellos continuaron preguntando. "¿Alguien de su familia falleció recientemente?" La mujer miró asombrada mientras estos tres pequeños niños sacaban algo más profundo y sensible de su vida. Ella finalmente pudo reincorporarse y les dijo que su madre y su hermana habían muerto recientemente en un accidente automovilístico y era el primer día que regresaba al trabajo.

Esos tres pequeños niños pudieron llenar a esa dulce mujer de amor y de oración ese día. Ellos le contaron toda la historia acerca de "la naranja y el plátano" y de cómo Dios los había dirigido hacia ella. Ellos le dijeron que Él lo hizo porque deseaba que ella supiera que Él comprendía su dolor y que estaba con ella. ¡Ella fue asombrosamente bendecida y tuvo un verdadero encuentro con el amor de Dios ese día! Ella estaba asombrada de que Dios enviara a estos tres pequeños a su lugar de trabajo en el primer día de vuelta, solamente para decirle que Él estaba con ella y que la amaba. ¡Cómo no amar a un Dios tan asombroso!

# 15

## "¡DIOS LO AMA A USTED Y A SUS TATUAJES!"

NOS ENCONTRÁBAMOS EN Shreveport, Louisiana, y acabábamos de terminar una sesión de equipamiento con un gran grupo de niños. Los niños estaban extendidos en el suelo con papel y lápices de colores, haciendo tarjetas proféticas que debían entregarse más tarde ese día. Yo no pude evitar ver lo que decía la tarjeta de un niño: "¡Dios lo ama a usted y a sus tatuajes!", en grandes letras que ocupaban la carátula.

Con mucha curiosidad, le hice algunas preguntas acerca de su tarjeta. Él me dijo que esa tarjeta era para un hombre que vio con pantalones vaqueros azules, playera negra, un pañuelo blanco y negro y tatuajes. Sonaba como si estuviera describiendo a alguien que conocía y dijo: "No, acabo de verlo". Asumiendo que quería decir que "acababa de verlo" en la conferencia a la que estábamos asistiendo, dije: "Ah, ¿quieres decir que lo viste en la conferencia?".

El niño me miró como diciendo: "Caramba, esta chica es *lenta*", y me dijo: "¡No! *Acabo de verlo* en el Espíritu".

"*¡Ah! ¡Ya entendí!* —dije— ¡Asombroso!". Lo animé a pedirle más detalles a Dios acerca de qué deseaba decirle a ese hombre y qué ubicación de alcance debía visitar para encontrar a esa persona. El chico me informó que ya había hecho esas preguntas y que el hombre estaría en la tienda de comestibles.

Bien, más tarde ese día, el pequeño se dirigió con el

grupo de niños que invadirían con amor la grande tienda de comestibles. Él buscó por todos lados al hombre que "acababa de ver", mientras oraba. Buscó y buscó, pero no pudo encontrarlo en ningún lugar. Se estaba desanimando, ya que el tiempo se estaba terminando y ellos necesitaban regresar al autobús.

Comenzó a preguntarse si había escuchado correctamente y simplemente decidió que le daría la tarjeta a cualquier hombre que se encontrara en la sección de frutas y verduras. Él se acercó a un hombre y preguntó: "¿De casualidad tiene tatuajes?". El hombre lo miró claramente irritado por la interrupción y dijo: "No", abruptamente. El niño se sentó muy derrotado, pero le entregó la tarjeta al hombre y dijo: "Bueno, aquí hay una tarjeta para usted de todos modos".

El hombre dijo: "¡Yo no quiero tu tarjeta!", y se fue.

El pobre niño estaba a punto de llorar. No solamente se había "equivocado", sino que ahora se sentía muy rechazado. Arrastró sus pies por el estacionamiento de vuelta hacia el autobús, con la única tarjeta que nunca entregó. Él estaba muy seguro de haber visto a la persona a quien debía darle la tarjeta.

Justo cuando iba a entrar en el autobús, adivine usted a quién vio del otro lado del estacionamiento. Sí, ahí estaba. ¡Un hombre que caminaba hacia la tienda vistiendo pantalones vaqueros azules, una camiseta negra, un pañuelo blanco y negro en su cabeza y cubierto de tatuajes! El pequeño estaba *muy* emocionado. Él corrió hacia el hombre con una gran sonrisa en su rostro. Cuando se acercó, gritó: "¡Ahí está! ¿En dónde ha estado? ¡Lo he estado buscando!".

El hombre lucía gratamente sorprendido por esta presentación y el pequeño rápidamente le entregó la tarjeta que había hecho con amor y le dijo que Dios le había pedido que la hiciera para él. Continuó diciéndole al hombre todo lo que Dios había puesto en su corazón para él. ¡Lo llenó del amor del Padre y el hombre fue evidentemente conmovido!

Estaba de cuclillas en el estacionamiento, frente a frente con este pequeño, ¡desecho por el amor de Dios! Comenzó a llorar mientras compartía su historia de haber sido rechazado en la iglesia por causa de sus tatuajes y que sentía que sus tatuajes lo habían separado de Dios. Esos muros se cayeron en ese momento en el estacionamiento y le dijo al pequeño que guardaría su tarjeta para siempre. Intercambiaron un sincero abrazo y ambos continuaron esa tarde con un brillo que no tenían antes.

# 16
# LA BÚSQUEDA DEL
# TESORO PERFECTO

N OS ENCONTRÁBAMOS EN Red Deer, Alberta, Canadá
y habíamos dispersado a los equipos de niños por toda
la ciudad. Los niños estaban inquietos y emocionados
por ver lo que Dios iba a llevar a cabo. Antes de irse, un grupo de
niños en particular, había pasado un tiempo orando y escribiendo
las "pistas" que Dios les estaba mostrando acerca del "tesoro" al
que los dirigiría ese día.

Cada niño del equipo contribuyó con algo que sintió que Dios
le estaba mostrando, mientras oraban. Un niño vio una "playera
azul", otro vio "cabello rojo", otro "ojos verdes", otro escuchó
"parque" y una pequeña niña, no vio ni escuchó nada, pero sintió
muy fuertemente que necesitaba hacer una tarjeta que explicara
cómo podía alguien encontrar a Dios. De manera que procedió
a escribir una larga tarjeta explicando cómo podía una persona
entregarle su vida a Jesús y de lo que se trata el evangelio.

La mamá que asignamos para ese grupo no era de Red Deer
y no conocía la zona en absoluto. Le dijimos que no se preocu-
para, que Dios los llevaría a donde necesitaban ir. Los niños
se subieron a la minivan y comenzaron su viaje. La única
pista que tenían era el "parque", de manera que decidieron
comenzar por buscar un parque.

La mamá les comunicó a los niños que no tenía idea de
dónde estaba el parque, así que tendrían que preguntarle al

Espíritu Santo qué dirección tomar. Los niños comenzaron a gritar: "¡Izquierda! ¡Dé vuelta aquí! ¡En la segunda calle a la izquierda!". Ella simplemente seguía sus indicaciones y, efectivamente, terminaron en un parque. Todos gritaban de la emoción de haber escuchado correctamente.

A primera vista parecía que no había nadie en el parque, justo antes de desanimarse, vieron a una mujer a la distancia, sentada en una banca del parque. Mientras se acercaban en el coche, los niños comenzaron a gritar: "¡Ella tiene cabello rojo y una playera azul!". Justo después de estacionarse, los niños salieron de la camioneta de un brinco y corrieron a toda velocidad con esta mujer. Estaban muy emocionados por haber encontrado su tesoro. Efectivamente, la mujer que estaba sentada en el parque tenía una blusa azul, cabello rojo y ojos verdes.

Estoy segura de que la mujer se sintió confundida acerca de la turba de niños emocionados que corrían hacia ella. Pero cuando los niños le dijeron que ella era su tesoro y de cómo Dios los había enviado con ella, ella se animó. En ese momento, la pequeña niña se acordó de la tarjeta que había hecho. La sacó, se la entregó a la mujer y dijo: "Aquí tiene. Claramente esto es para usted".

La mujer que estaba sentada en el parque abrió la tarjeta y leyó cada palabra que había sido escrita con tanta consideración. Era como si estuviera absorbiendo la verdad. Ella comenzó a llorar, luego a reír, luego a llorar; todo mientras les decía a los niños que estaba muy agradecida de que Dios la hubiera "encontrado". Ella les dijo que durante los últimos meses había estado buscando a Dios. Ella reconoció que no sabía cómo buscar a Dios y no sabía mucho acerca de Él, pero realmente deseaba conocer quién era Él.

Había estado haciendo (justo la estaba haciendo en el parque antes que llegaran los niños) la misma oración que había orado muchas veces en esos meses: "Dios, no sé cómo encontrarte. ¿Podrías encontrarme tú?". Ella se sentó con asombro, asimilando el hecho de que Dios la había encontrado. Cada palabra de esa tarjeta estaba escrita perfectamente para ella y los niños pudieron llevarla a aceptar a Cristo como su Señor y Salvador personal.

¡No solamente fue salva ese día, sino que también fue sanada de una lesión en la rodilla y llena del Espíritu Santo! ¡Tuvo un encuentro dramático y radical con Jesús! ¡Esa mujer fue al parque perdida y sola, y se marchó no solamente sabiendo quién es Cristo, sino habiéndolo experimentado personal y poderosamente!

# EL LUSTRADOR DE ZAPATOS

TRAS HABER ENSEÑADO a un grupo grande de niños en Kenia durante algunos días, los comisioné para caminar en la plenitud del Reino y llevarlo a dondequiera que fueran. Tuvimos un tiempo muy especial y poderoso con los niños durante esas reuniones.

Una tarde después de que terminara el seminario, me encontraba caminando por la ciudad con algunos de los maravillosos niños de la calle que acababa de conocer. Vimos una pequeña multitud de alrededor de doscientas personas reunidas alrededor de alguien en una esquina. Sin saber lo que estaba sucediendo, pero en compañía de personas del mismo sentir, logramos acercarnos a la multitud para ver lo que los demás estaban haciendo. Fue una de las cosas más hermosas que he visto.

En medio de todas esas personas se encontraba el pequeño más apasionado y tierno, quien era un lustrador local de zapatos, junto a su caja lustrabotas, predicando desde el fondo de su corazón. Él estaba hablando con un amor y una autoridad tan profundos. Simplemente permanecí ahí sin poder moverme, absorbiéndolo todo. La gente era cautivada por sus palabras y por el "Jesús" que se derramaba de él.

Todos permanecieron ahí escuchándolo, sus palabras llevaban mucho peso. Me incliné y les pregunté a los chicos que estaban conmigo: "¿Quién es?". Ellos me miraron, impactados por la pregunta. Me dijeron: "¡Él era uno de los niños del congreso! *Usted* nos dijo que debíamos predicar el evangelio y eso es lo que él está haciendo".

Había cientos de niños en el congreso. De ninguna manera podía recordar a cada uno, pero en ese momento me sentí más orgullosa que nadie. Ahí se encontraba ese pequeño niño, no parecía tener más de siete y ocho años. Él era humilde, inculto y muy probablemente indeseado. Pero estaba ahí alto y regio como un príncipe, y amor fluía de él.

Él había escuchado que Dios deseaba utilizarlo, así que mientras caminaba de la casa a la iglesia, decidió no desperdiciar ni un solo momento y puso manos a la obra. Llevó a Jesús a la mayor parte de la multitud ese día. Él oró por la sanidad y la liberación de la gente. Las personas fueron visiblemente tocadas y se encontraron con Jesús esa tarde en la esquina de la calle.

Yo nunca olvidaré ese momento al ver a ese precioso pequeño lustrador de zapatos dar todo lo que tenía por Jesús en esa esquina. Hubo muchas personas cuyas vidas fueron cambiadas esa noche por él, pero creo que mi vida fue la más cambiada. Yo me di cuenta de que algo tan genuino, tan hermoso, tan poderoso y tan apasionado está incrustado en el ADN de esta generación, y simplemente está esperando que le demos el permiso de brillar. ¡Es tiempo de que brillen!

# PARTE CINCO

# MANOS QUE SANAN

*Estas señales acompañarán a los que crean: en mi nombre expulsarán demonios; hablarán en nuevas lenguas; tomarán en sus manos serpientes; y cuando beban algo venenoso, no les hará daño alguno; pondrán las manos sobre los enfermos, y éstos recobrarán la salud.*

—Marcos 16:17–18

# 18

## SANADO DE MALARIA

H EMOS LLEVADO A muchos equipos de niños a los hospitales de Kenia, como usted ya leyó en los capítulos anteriores. Debido a que en diferentes regiones de Kenia habían escuchado acerca de la manera en que Dios estaba utilizando a los niños, a menudo le pedían al equipo que fuera y ayudara a entrenar a los niños de su región. Esto sucedía con mucha frecuencia.

En cierta ocasión, después de uno de estos entrenamientos regionales, enviamos varios equipos de niños por toda la ciudad. Mi esposo, Jona, tuvo el privilegio de dirigir a un pequeño equipo de niños al hospital local. Su corazón se quebrantó instantáneamente en la grande sala que estaba llena de bebés que habían contraído malaria. Había entre cincuenta a sesenta bebés en la sala y casi todos estaban sufriendo de malaria. Ellos estaban muy enfermos y sus madres desesperadas porque Dios sanara a sus hijos.

Fue un tiempo especial, ya que los niños ministraron a cada bebé y a su mamá. Los niños podían sentir el corazón de Dios por cada uno muy fuertemente, y sus oraciones eran simples, pero poderosas. Cuando Jona se marchó con el grupo de niños, ellos de verdad podían sentir a Dios moviéndose en la sala infantil. Le pedimos a nuestro pastor local con quien estábamos trabajando que continuara en contacto con ese hospital, en particular con esa sala, porque sabíamos que Dios estaba llevando a cabo algo ahí.

Al día siguiente, el pastor llamó al director del hospital para agradecerle por permitirnos visitarlos y orar por los pacientes, y le preguntó cómo estaban todos. El director estaba muy emocionado de darle la noticia de que esa mañana acababan de dar de alta a casi todos los bebés, ¡porque la malaria había desaparecido y los bebés estaban bien! ¡Alabado sea Dios! Casi sesenta bebés fueron sanados de malaria y dados de alta del hospital veinticuatro horas después de haber recibido oración. ¡Nuestro Dios es poderoso!

# 19

# CUANDO UN BEBÉ SUELTA SANIDAD

STA HISTORIA ME encanta por muchas razones. Una de ellas es porque se trata de mi hija, Malaika. Otra, se debe a que, cuando Dios utiliza a un niño para llevar a cabo un milagro, hace pedazos nuestros paradigmas. Es tan inesperado, tan profundo.

> Por causa de tus adversarios has hecho que brote la alabanza de labios de los pequeñitos y de los niños de pecho, para silenciar al enemigo y al rebelde.
>
> —SALMOS 8:2

Nos encontrábamos ministrando en Ecuador y mi esposo y yo nos estábamos preparando para predicar en un servicio dominical matutino. Mi esposo en realidad es de Guatemala, pero pasó la mayor parte de su niñez en Ecuador, donde sus padres eran misioneros y apóstoles. Hasta hoy, la familia inmediata de mi esposo continúa viviendo en Ecuador y trabajando en el ministerio ahí.

Debido a que acabábamos de llegar con nuestra nueva hija, quien en ese tiempo tenía alrededor de cinco meses, le pedí a mi cuñada que la cuidara mientras ministrábamos. Específicamente le pedí que no dejara que nadie más la cargara, ella era la única que podía hacerlo. Al ser parte de la cultura latina, sabía que si dejaba que otra persona la cargara, entonces todos le pedirían cargarla y, cuando yo finalmente regresara por ella, olería a treinta perfumes de mujeres diferentes y tendría marcas de lapices labiales rojos en toda la cara.

Mi cuñada, Melania, estaba feliz con la decisión porque, al ser la nueva tía que vivía lejos de su sobrina, no tenía intenciones de compartirla. Al poco rato de esa conversación, Melania se encontraba en la parte trasera de la iglesia cargando a Malaika, cuando una mujer se acercó a ella. Esta mujer y su esposo habían luchado con la infertilidad durante años y todos los que conocían a esta pareja deseaban ver que Dios los bendijera con hijos. Cuando la mujer se acercó a Melania, ella le preguntó inmediatamente si podía cargar a la bebé. Justo cuando Melania iba a decirle que no y a darle una letanía con la explicación, de pronto sintió que el Señor le dijo que permitiera que la mujer cargara a Malaika.

Sin comprender por qué lo estaba haciendo, Melania dijo: "Sí", y le dio a Malaika. De pronto, mientras la mujer estaba cargando a Malaika, ella comenzó a sentir la presencia de Dios saturando todo su ser. Ella fue profundamente conmovida y dijo: "¡Dios está haciendo algo!". Melania estaba sintiendo la presencia de Dios fuertemente también y comenzó a profetizar sobre la mujer. Le dijo: "Dios le está sanando ahora mismo. Desde que tomó a Malaika, ¡la sanidad está fluyendo a través de ella!".

Ambas estaban siendo completamente sacudidas por Dios. Ahora bien, que Melania compartiera esta palabra con esta mujer fue tremendo, porque habían orado y profetizado por ella muchas veces, y Melania no deseaba dar lugar a una desilusión. Pero sucedió algo poderoso cuando ella le entregó a Malaika. Dios utilizó a una bebé que ni siquiera podía hablar para llevar su presencia y soltar el cielo en una situación.

Efectivamente, ¡semanas después recibimos una llamada

diciendo que estaba embarazada! Después de años de orar y de luchar, esta mujer finalmente recibió su milagro y Dios decidió utilizar a una bebé para soltarlo. ¡Dios nunca deja de asombrarme!

Le he contado la historia muchas veces a Malaika, quien ahora tiene seis años, y le encanta. A partir de entonces, cuando estamos ministrando y el Señor nos muestra que desea sanar a alguien de esterilidad, siempre le pido a Malaika que ore por la mujer, porque creo que ella tiene una unción de sanidad. Juntas hemos visto a varias mujeres ser sanas y recibir a su hijo prometido. ¡Qué bendición!

De hecho, una vez mientras ministrábamos en Corea del Sur, le dije a Malaika que se alistara, porque la iba a traer para que me ayudara a orar por mujeres que deseaban tener hijos. Ella tenía tres años en ese tiempo. Más tarde me di cuenta de que en la sala de cuidados infantiles, cuando su intérprete salió un rato, Malaika había alineado a las pequeñas contra la pared y estaba orando por ellas. La mujer que las estaba cuidando pensó que solamente estaba ministrando a las niñas y le permitió continuar. Cuando la intérprete regresó al cuarto, ¡ella escuchó a Malaika orando por que Dios pusiera bebés en sus pancitas para que pudieran ser felices! Ellas se rieron y le explicaron a Malaika con dulzura que esas niñas todavía no tenían suficiente edad para ser mamás. Yo, por supuesto, ¡pensé que era increíble! ¡Esa es mi niña! ¡Solamente está practicando!

Con toda honestidad, creo que es grandioso enseñarle a un niño a orar y a creer que Dios puede hacer lo sobrenatural. Algunas veces en casa uno de nosotros pretende estar muerto y los demás deben orar por esa persona para que sea levantada de la muerte. ¡A mis hijos les encanta ese juego! Sé que para algunos esto probablemente suene muy raro y sin sentido. Pero es divertido; ¡y los niños están practicando la oración de por vida! Algunas veces en la alberca practicamos caminar sobre el agua. ¡Algunas veces oramos que Dios convierta nuestra aburrida cena en algo asombroso! Y oramos que seamos transportados en largos paseos. Nos encanta practicar y yo deseo crear un ambiente en mi hogar en el que lo sobrenatural sea simplemente... natural.

# SANIDADES EN LUGARES COMUNES

CUANDO ENTRENO A los niños mi corazón desea solamente que aprendan a permanecer conectados con Dios en todo tiempo. No debería haber áreas "espirituales" en su vida y segmentos que no lo sean. Están en Dios y Él está en ellos, siempre. Los animo a poner atención a lo que Dios está haciendo todo el tiempo, incluso en los tiempos aburridos, en todos lugares (como cuando su mamá los lleva al supermercado).

Muchos padres me han compartido maravillosas historias acerca de cómo en medio de una tienda de comestibles, su hija les ha dicho que realmente sintió que debía orar por alguien en el pasillo de los cereales. Se dirigen allá y, efectivamente, encuentran a alguien que necesita sanidad o un toque de Dios, y terminan sucediendo cosas poderosas. Una mamá me dijo que su experiencia de compras era mucho más agradable cuando decidía darle a su hija un papel en blanco y lápices de colores. La niña se sube en el carro y hace dibujos de parte de Jesús para la gente con la que se encuentran en la tienda. ¡Eso es increíble! Esta mamá no solamente está teniendo una experiencia de compras mucho más pacífica, sino que en medio de ella, la gente también está siendo bendecida y sanada, ¡e incluso salva!

Una vez llevamos a un equipo de niños a Costco y mientras caminábamos por la tienda, le íbamos preguntando a la gente si necesitaba ser sana de algo. Desde luego, no deseábamos ser irrespetuosos en la tienda o ser insensibles con el tiempo de la gente, de manera que fuimos muy casuales y relacionales. Una mujer tenía un aparato ortopédico en su pierna y nos dijo que tenía mucho dolor y que no podía caminar sin él, porque se había lastimado la pierna. El grupo de niños se reunió a su alrededor y comenzaron a orar para que Dios derramara sanidad sobre ella, ¡nada más porque Él la amaba demasiado! Fue verdaderamente un tiempo agradable y ella nos dijo: "¡Caramba! ¡Ya no siento dolor! ¡Creo que mi pierna ha mejorado!".

Los niños estaban emocionados por su sanidad, pero en tiempos como ese, yo debo ser sincera. Algunas veces este pensamiento pasa por mi cabeza: "¿Realmente fue sanada? ¿O solo está siendo amable y quiere animar a los niños?". De cualquier manera, nos marchamos, bendiciéndola y buscamos a otras personas que necesitaran sanidad. Al poco tiempo, nos encontramos con ella nuevamente y estaba hablando con alguien y señalando hacia nosotros. Era obvio que le estaba contando a esa persona lo que había sucedido y que le estaba diciendo que debía ir con nosotros para recibir oración. Lo más grandioso fue que ella se había quitado el aparato ortopédico y lo llevaba en la mano, ¡caminando completamente bien sin él! ¡Ella fue a la tienda por un pollo asado y salió con la pierna sana! ¡Sonrió y ondeo el aparato frente a nosotros, diciéndonos que se sentía increíblemente! ¡Genial, Dios!

# 21
## LA HABITACIÓN CELESTIAL
## DE ÓRGANOS

TRAS COMPARTIR CON un grupo de niños de California acerca de la habilidad de entrar al cielo, yo les pedí que buscaran un lugar callado donde debían esperar en Dios y pedirle que les mostrara algunos de los tesoros del cielo. Era evidente que varios de los niños estaban teniendo experiencias poderosas. Después de alrededor de veinte minutos, les pregunté si alguno deseaba compartir con el grupo lo que Dios les había mostrado.

Varios compartieron historias realmente geniales y la revelación que Dios les había dado durante ese tiempo. Una pequeña llamada Kayla se me acercó y susurró a mi oído que vio algo, pero que no deseaba decirle a nadie (era extremadamente tímida). Ella me dijo que le había preguntado a Jesús qué deseaba mostrarle del cielo y entonces, de pronto estaba parada frente a una puerta. Ella abrió la puerta y se impactó por lo que vio. El cuarto estaba lleno de todo tipo de órganos.

Ella explicó que había brazos nuevos, piernas nuevas, ojos nuevos, corazones nuevos, entre otros órganos. Primero pensó que era un poco asqueroso y raro, pero después Dios le dijo que al cielo no le falta nada y que si alguna vez conocía a alguien que necesitara un órgano nuevo, ¡ella podía subir y tomar uno! Todo lo que necesitaba era fe. Ella estaba asombrada por la experiencia y no esperaba ver algo así. La animé y le dije que

Dios es el creador supremo y que Él siempre puede crear un órgano nuevo para alguien. Le dije que Dios se lo había mostrado, porque Él deseaba poner fe en su corazón para ello.

Kayla sonrió y regresó a su asiento. Aproximadamente veinte minutos después de todo esto, tres personas que nunca había visto, caminaron por las puertas traseras de la habitación donde yo estaba reunida con los niños e interrumpieron la sesión. Les pregunté en qué podía ayudarlas y la mujer del grupo me dijo: "¿Pueden orar por este hombre, por favor? Escuchamos que Dios estaba usando a los niños para sanar a la gente". Durante toda la semana habíamos estado llevando a los niños a las calles para que oraran por la gente y aparentemente se estaba corriendo la voz de lo que estábamos haciendo.

"¡Seguro!", dije. Era evidente que el hombre necesitaba sanidad, ya que sus dos amigos lo estaban sosteniendo. Ellos ayudaron a llevarlo al frente donde nos encontrábamos y todos los niños se reunieron para orar por él. Le pregunté por qué necesitábamos orar y él comenzó a contarnos acerca de la severidad de su afección. Él tenía un severo cáncer intestinal y le habían dicho que no había nada más que los médicos pudieran hacer. Necesitaba un milagro (un nuevo intestino) o no podría vivir. Inmediatamente recordé la experiencia de Kayla y miré para ver si ella actuaría. Los niños comenzaron a imponerle manos y a orar. Finalmente, Kayla dejó su timidez, pasó al frente y puso su mano sobre el hombre e hizo una oración simple pero absolutamente llena de fe, para que Dios enviara del cuarto de órganos un nuevo intestino para este hombre.

El hombre brincó instantáneamente, luciendo muy incómodo, rápidamente les dijo gracias entre dientes a los niños y salió caminando rápidamente del edificio. Sus amigos lucían muy confundidos y sin saber por qué se había ido tan abruptamente, y lo siguieron. Yo no tenía idea de qué había sucedido. No estaba segura si la oración de Kayla lo había ofendido o asustado, o qué. Pero no podía ir tras él para averiguarlo, porque no podía dejar solos a los niños. Todo eso fue realmente extraño.

Al día siguiente, cuando me encontraba en medio de una sesión con los niños, entró en el cuarto la secretaria de la iglesia y dijo que había una llamada para mí, y con una sonrisa en su rostro dijo: "Y debes tomarla". Tomé el auricular y, en efecto, era el hombre del día anterior. Estaba llamando para disculparse por haberse marchado tan rápidamente. Me dijo: "Cuando esa pequeña niña rubia oró por mí, ¡algo sucedió! ¡Sentí algo! Sentí que algo brincó dentro de mí o algo así. Fue extraño y me asusté un poco, porque nunca había experimentado nada similar. Me puse nervioso y me marché, pero entonces, ¡de camino a casa me di cuenta de que ya no sentía dolor! Estaba completamente asombrado, porque siempre siento un dolor terrible. Cuando llegué a casa, estaba hambriento y deseaba comer algo. Ahora, eso no es posible. Con mi etapa y el tipo de cáncer, no puedo simplemente 'comer', ¡pero lo hice! Mientras lo hacía continuaba pensando: '¡Eso es imposible!'. Como seguía sin sentir dolor. Llamé al médico inmediatamente y él no me creyó. Me dijo que sin un nuevo intestino, no podía comer sin sentir un dolor espantoso. Él insistió en que debía ir con él y para que me hiciera una evaluación meticulosa. ¡Yo deseaba llamarle personalmente a usted y decirle que estoy convencido de que tengo un nuevo intestino! ¡Estoy sano!".

# EL TRITÓN

JIMMY IBA A cumplir once años, así que su familia decidió dirigirse a Quail Lake para pasar el fin de semana acampando y celebrando su cumpleaños. En la tarde, algunos chicos decidieron salir con su coche y mientras conducían, vieron un tritón anaranjado caminando en medio de la carretera. A Jimmy le encantaban los lagartos y las ranas, así que detuvieron el coche. Jimmy estaba extasiado por este nuevo hallazgo. Tomó al tritón y se lo llevó al campamento para mostrárselo a los demás.

El peculiar anfibio era un tritón de vientre rojo. Era color anaranjado brillante y había capturado completamente el corazón de Jimmy. Él se había enamorado totalmente de esta pequeña criatura. Inmediatamente, Sonja, la mamá de Jimmy, supo que el tritón tenía algo especial y sintió que era un regalo de Dios para Jimmy, especialmente porque estaban celebrando su cumpleaños. Jimmy cuidó al tritón con mucho afecto y lo llamó "Fig" (abreviatura de Fig Newton, desde luego, su golosina favorita). Después de una breve deliberación, Sonja y su esposo decidieron que Fig sería la mascota de Jimmy.

Cuando la familia regresó a casa del campamento, Jimmy corrió para colocar a su mascota en una pecera de plástico que tenía afuera, la cual contenía una variedad de renacuajos y ranas. La pecera se encontraba en la sombra, con un poco de agua. Jimmy colocó el tritón adentro y entonces él y su papá se dirigieron al supermercado para comprar algunos suministros para la pecera. Mientras Jimmy y su papá estaban fuera de compras, el sol se movió, y esto expuso la pecera de plástico a la luz del sol. Cuando Jimmy regresó a casa, para su desgracia, encontró a todas las criaturas, incluyendo el nuevo tritón, tiesas y sin vida. Jimmy metió rápidamente a Fig a la casa y la primera respuesta de Sonja fue: "¡De ninguna manera! Él va a estar bien. Dios va a resucitarlo ahora mismo".

Pusieron a Fig bajo el agua fría durante una hora, esperando que eso cambiara las cosas. Pero lamentablemente, su cuerpo tieso y sin vida no cambió. Jimmy estaba devastado. Lloró con mucho dolor y culpabilidad por haber dejado a su mascota afuera bajo el sol. Sonja estaba luchando con la muerte de Fig. Parecía no tener sentido. Ella no tenía duda alguna en su mente de que Fig era un regalo de Dios para Jimmy y de que Fig debía vivir y no morir. No dudaba de que Dios pudiera resucitarlo en ese mismo momento. Sin embargo, Fig no se movía. Esto parecía no ser lógico. Sonja y Jimmy lloraron juntos mientras ella lo sostenía y le dijo a Jimmy: "Dios continúa siendo Dios. Dios es muy poderoso. Si Fig no es resucitado, no se debe a las limitaciones de Dios. Se debe a las mías. Debe haber algo en mí que no está listo, que no está correctamente alineado todavía".

Sonja intentó razonar todo lo que estaba sucediendo. Sintió mucha fe y pudo sentir verdaderamente que eso no debía estar sucediendo. Después de llorar juntos y pasar tiempo orando, Sonja y Jimmy decidieron enterrar a Fig en el huerto detrás de su casa. Jimmy hizo una pequeña cruz y la colocó sobre la tumba que Sonja y él habían cavado entre las hileras de árboles.

Aunque habían enterrado a Fig, Jimmy continuó orando por un milagro, pero Sonja pudo ver que estaba perdiendo la esperanza. Estaba completamente devastado y atormentado por la culpabilidad de la muerte de su tritón. La segunda noche después de que enterraran a Fig, Jimmy estaba angustiado por el tritón y se fue a la cama temblando y tuvo una horrible pesadilla de que alguien pisaba la cruz de Fig y atravesaba su corazón. Al despertar, Jimmy les rogó a sus padres: "¡Por favor! ¡Por favor! ¡Debemos sacarlo y volver a enterrarlo!". Al ver cuan preocupado estaba, Sonja le prometió que ella volvería a enterrarlo al día siguiente en un lugar más seguro. Ella no podía evitar pensar en la horripilante tarea de desenterrar el cuerpo muerto del tritón y estaba asustada por la posibilidad de dañar su cuerpo al tratar de desenterrarlo, pero ella sabía que Jimmy no descansaría hasta que estuviera hecho.

Al día siguiente, mientras los niños estaban jugando en la calle, Sonja decidió que era tiempo de abordar esa temida tarea. Equipada con guantes de plástico, un contenedor y una pala, Sonja caminó hacia el huerto. Habían pasado tres días desde que Fig había muerto y ella tampoco podía sentir paz. "¡Yo sabía que sabía que la voluntad de Dios era que Fig viviera!", dijo. Y mientras caminaba hacia la tumba de Fig, ella cambió su oración. En lugar de orar: "Por favor, Dios, haz un milagro", ella comenzó a orar: "Dios, cámbiame. Arregla todo lo que necesite arreglarse en mí, para que puedas obrar a través de mí".

Mientras Sonja estaba todavía a cientos de metros de distancia, pensó: "Si John (su vecino que estaba lleno del Espíritu) estuviera aquí conmigo, ¡podríamos hacerlo!". Entonces, escuchó que el Señor le dijo muy claramente: "Querida, si necesitaras a John, él estaría aquí". El mensaje fue alto y claro: ella no necesitaba que otra persona le ayudara, solamente necesitaba a Dios. Entonces, de pronto tuvo una visión. De reojo vio que el Señor apareció de repente y comenzó a caminar a su lado. ¡Sonja fue llena de mucho gozo y emoción! Ella confesó: "Sinceramente, el grado de mi fe me decía que Él iba a ayudarme a desenterrarlo sin cortarlo en dos. Solo tenía fe para eso en ese momento".

Cuando llegó a la pequeña cruz en el huerto, permaneció ahí y oró durante un momento. Colocando su pala cuidadosamente, cavó la tierra y sacó una pila de tierra. En la orilla de la pala estaba el cuerpo descompuesto del pobre Fig. El olor de la muerte saturó su nariz cuando vio que su carne se había vuelto negra y estaba pudriéndose. Había estado muerto durante tres días. Estaba seco y arrugado. Sus patas parecían nada más que hilos y sus ojos estaban hundidos. Estaba plano, esquelético y tieso como cartón. Justo cuando ella estaba asimilando la horripilante situación, el cuerpo sin vida de Fig rodó de la pala y cayó de vuelta en el hoyo. Sonja, un poco nauseabunda por todo lo que sucedía, se inclinó hacia el hoyo y dijo: "¡Fig, vive en el nombre de Jesús!". Ella me dijo más tarde: "Fue más bien una petición en lugar de una oración". Ella anhelaba colaborar con lo que Dios tenía en su corazón para su hijo. Lo que sucedió después le quitó el aliento.

## Un milagro en el huerto

Sonja retrocedió para quitarse los guantes y de reojo vio que las enjutas patas de Fig se movían. Asombrada e insegura de estar viendo bien, rápidamente se inclinó, tomó el cuerpo podrido y comenzó a adorar a Dios. En este punto, ambas patas se estaban moviendo. Sonja estaba completamente sobrecogida de que eso estuviera sucediendo. El pequeño cuerpo descompuesto de Fig estaba comenzando a retorcerse en su mano mientras ella solamente lloraba y temblaba, ¡y no podía dejar de agradecerle a Dios! Todavía no tenía ojos, sus brazos estaban secos como un par de hilos enjutos y su cuerpo podrido y negro, ¡pero se estaba moviendo!

Sonja vio a los niños en el camino de lodo y comenzó a llamarlos para que fueran con ella. Los niños fueron corriendo y cuando estaban a unos metros, Jimmy simplemente se detuvo en seco. Con lágrimas, Sonja exclamó: "¡Jesús lo levantó de la muerte". En ese momento, todavía luciendo y oliendo a muerte, Fig se volteó en la mano de ella y ya no estaba boca arriba. Jimmy estaba absolutamente asombrado y se acercó cuidadosamente a donde estaba su madre. Sin querer tomar a Fig todavía, Jimmy solamente permaneció cerca asimilándolo todo. Sonja miró a Jimmy a los ojos y le dijo: "¿Te das cuenta de lo que Jesús hizo por ti?". Fue un momento poderoso, ya que sucedió un milagro frente a ellos.

Llevaron a Fig de vuelta a la casa y colocaron su frágil cuerpo bajo el agua corriente. Poco a poco, la negra piel que cubría su cuerpo comenzó a desprenderse y su color comenzó a regresar lentamente. De pronto, guiñó y sus cuencas vacías de repente tenían ojos. Todos estaban muy asombrados con este milagro increíble que estaba sucediendo en medio de ellos y Jimmy le preguntó a su mamá: "¿Qué debemos hacer". Ella le dijo: "Bueno, necesitas limpiar la pecera". Para entonces, algunos de los vecinos habían escuchado lo que estaba sucediendo y se acercaron para ver el milagro. Los niños habían sacado sus cámaras y capturado el asombroso milagro en video. Todo el proceso tomó unas cinco horas. La piel "muerta" de Fig se había desprendido y había retomado su forma y color normales, excepto por un pequeño punto en su lomo que había permanecido negro. Era increíble. ¡Fig estaba vivo!

Fig vivió con Jimmy y su familia las siguientes dos semanas. Él lucía sano, pero por alguna razón, no deseaba comer. Sin saber si Fig estaba triste o enfermo, ellos continuaron amando y cuidando a su mascota. El Día de las Madres se cumplieron exactamente dos semanas y decidieron llevar a Fig a la iglesia con ellos para compartir el testimonio de la resurrección con la congregación. Tal como pensaron, la iglesia se maravilló cuando Jimmy y Sonja compartieron la milagrosa historia y mostraron las fotografías de todo lo que había sucedido, incluyendo las fotografías del cuerpo muerto de Fig. La fe electrizó el salón y Fig fue pasado de familia en familia. ¡Muchos miembros de la iglesia se llenaron de fe para sanar y resucitar! Esto es muy especial para mí, porque conozco a muchas de las familias de esa iglesia y estaba emocionada de que pudieran ver un testimonio tan poderoso. He tenido el privilegio de ministrar en esta iglesia varias veces y me tocó hablar poco después del servicio del Día de las Madres y escuché el testimonio de Sonja de nuevo. El amor del Padre por Jimmy fue muy evidente a través de toda la historia, y yo pude ver la mano de Dios en cada detalle.

Después de compartir el testimonio en su iglesia en el Día de las Madres, la familia pasó un tiempo hablando y orando acerca de lo que debía pasar con el tritón. Finalmente, la familia decidió que Fig debía regresar a su hogar en Quail Lake. Dios había utilizado a Fig para despertar nuevos niveles de fe en esta familia y para mostrarles cuan grande es el amor del Padre por ellos. Era tiempo de que Fig se fuera a casa, en donde sobreviviría. Después de la iglesia, la familia condujo hacia la misma zona donde habían encontrado a Fig semanas antes. Jimmy salió y buscó el mejor lugar para soltar a Fig. En la ribera del arroyo se encontraba una piedra perfecta, así que después de despedirse sinceramente, la familia de Jimmy retrocedió y dejaron que Jimmy colocara a Fig sobre la piedra.

Fig permaneció ahí durante un momento y después brincó al agua. Inmediatamente comenzó a nadar con euforia en círculos como si supiera que estaba en casa. Después de quince o veinte vueltas de victoria, nadó de vuelta hacia donde estaba Jimmy de cuclillas en la ribera, escaló la piedra y miró directo a los ojos de Jimmy. Permaneció ahí durante un momento, como si Jimmy y él tuvieran una conversación silenciosa y sincera. Mientras Fig continuaba mirando a Jimmy, él sonrió dulcemente y dijo: "De nada, Fig". Tan pronto como lo hizo, Fig dio la vuelta, volvió al agua y se fue nadando.

Los padres de Jimmy permanecieron a unos metros de distancia detrás de él y lloraron. Fig había sido un enorme regalo de Dios para Jimmy y había hecho mucho para edificar la fe de toda la familia. Cuando hablé con ella recientemente, Sonja me dijo que Jimmy no tiene duda alguna de que Dios lo ama. Él está completamente confiado en el hecho de que todos los días son un regalo del Padre. Él y el resto de la familia pueden descansar sabiendo que la vida y la muerte están en las manos de Dios. La muerte de Fig trajo mucha culpabilidad, dolor y remordimiento al corazón de Jimmy. Pero la manera íntima en que Dios obró en cada detalle, incluso en la parte dulce en que Fig le dijo adiós a Jimmy, cambió todo para él. Ahora, en lugar de remordimiento, Jimmy ve que Dios tenía un plan más grande en la muerte de Fig y que el poder de Dios es mayor que cualquier obstáculo infranqueable.

# 23

## ESTHER: LA HACEDORA DE MILAGROS

ESTHER ERA UNA niña de once años que amaba mucho a Jesús. Ella había estado asistiendo a clases en su iglesia, en donde entrenaban a los niños en la obra del Reino. Un sábado en la mañana viajó a la casa de su tía para visitarla. Cuando llegó, descubrió que el hijo menor de su tía estaba gravemente enfermo y se estaban preparando para llevarlo al hospital. Justo cuando estaban por salir hacia el hospital, el niño comenzó a convulsionar violentamente y cayó al suelo sin vida. Todos entraron en pánico, comenzaron a llorar y el niño simplemente permaneció en el suelo sin vida.

El domingo antes de que eso sucediera, el pastor de Esther enseñó acera de los pasos para orar por sanidad. Esther supo que no había tiempo qué perder, así que saltó con valentía y sujetó al niño. Más tarde relató que, debido a que el niño estaba falleciendo, ella no pudo poner en práctica todos los pasos, así que tomó un "atajo". Ella sabía que Dios estaba con ella y simplemente ató al espíritu de muerte. El niño comenzó a respirar inmediatamente como si nada hubiera sucedido.

Esther se dio cuenta de que había una multitud reunida y los ojos no estaban viendo al niño, sino a ella, la hacedora de milagros. Cuando Esther intentó regresar al niño, su tía se negó a sujetarlo e insistió que solo Esther lo sujetara. La tía continuó pidiéndole a Esther que se quedara un día más.

Todos sabían que Esther tenía la fe y la autoridad para atar la enfermedad y la muerte, y soltar la vida. En el corazón de los demás, ella era apreciada como la hacedora de milagros.

Esther se fue a casa la semana siguiente y el domingo compartió el poderoso testimonio en su iglesia. Su pastor dijo que el testimonio de Esther se convirtió en el sermón del día y muchos adultos en la congregación fueron inspirados y motivados por su capacidad de ignorar lo que vio en el plano natural y buscar el corazón de Dios para la situación.

## PARTE SEIS

# UN NIÑO PEQUEÑO DEBE GUIARLOS: EL PAPEL DE LOS NIÑOS EN EL AVIVAMIENTO MUNDIAL

*La cosecha es abundante, pero son pocos los obreros*
*—les dijo a sus discípulos—. Pídanle, por tanto, al*
*Señor de la cosecha que envíe obreros a su campo.*
— Mateo 9:37–38

# LA ESTRATEGIA DIVINA

**24**

D E ACUERDO CON las últimas estadísticas disponibles en la actualidad, existe un estimado de 7 mil millones de personas en el planeta. La población humana se ha disparado en el último siglo, al punto de que jamás en la historia ha habido tantas personas en el planeta. De hecho, de acuerdo con la Oficina del Censo de los Estados Unidos, se estima que cuando Jesús nació, había solamente alrededor de 200 millones de personas en el planeta. Desde el tiempo de Cristo hasta hace tan solo doscientos años, en 1804, la población creció hasta ser mil millones de personas. Piense en esto. Tomó más de dos mil años para que la población mundial alcanzara mil millones.[1]

El crecimiento de la población comenzó a acelerarse. Aquello que tardó más de 2 000 años en lograrse, le tomó solamente 123 años para duplicarse. Para 1927, la población mundial era de 2 mil millones de personas. Debido a los avances en la medicina, la tecnología y la agricultura, las tasas de mortalidad decayeron y está formándose el mayor incremento de la población en la historia humana. En tan solo 33 cortos años (para 1960), añadimos otros mil millones de personas. Y desde entonces a hoy (a la fecha de la redacción de este libro), llegamos rápidamente a los 7 mil millones de personas. Hemos incrementado la población mundial en más del doble desde tan solo 1960.[2]

Si usted nació en la década de 1960, en la actualidad existe el doble de personas en el planeta que cuando usted nació.

En toda la historia de la población humana mundial, el crecimiento ha sido mínimo y constante. De pronto, en muy poco tiempo, ¡el número de personas en la tierra estalló!

¡Eso es increíble! Ninguna de las generaciones pasadas tuvieron el potencial para alcanzar a tanta gente como usted lo tiene en este momento de su vida. ¡Dios destinó que hubiera masas de gente vivas en el planeta durante *su* vida! El mayor potencial para avivamiento se encuentra en *su* generación. La cosecha más grande que la humanidad ha conocido existe *ahora*.

Todos los días me despierto asombrada por esa posibilidad. No solamente estamos listos para el mayor avivamiento que el mundo ha visto, sino que todos los días despertamos con una mayor y más gorda cuenta de banco espiritual que la que tuvieron nuestros antecesores. Es como si fuéramos los destinatarios de un increíble fideicomiso espiritual. Hemos heredado generación tras generación de promesa, oración y avance.

Piense simplemente en el hecho de que hace dos mil años, Jesús le enseñó a orar a la humanidad: "Padre nuestro que estás en el cielo, santificado sea tu nombre, venga tu reino, hágase tu voluntad en la tierra como en el cielo" (Mateo 6:9—10). Qué oración tan poderosa. El corazón y la pasión de Dios es traer su Reino a la Tierra y Él desea que nos asociemos con Él en oración para ver que suceda. Ahora, imagínese cuántas veces se ha hecho esa oración. En todo el mundo, en todos los idiomas, por multitudes de personas, mártires, niños, reyes, misioneros, sacerdotes, hombres, mujeres, esclavos, líderes; la voz colectiva de los amantes y seguidores de Cristo juntos a lo largo de la historia se han unido en oración con la oración de Jesús.

Esa poderosa oración se ha hecho una y otra vez durante siglos. Los cuencos de intercesión en el cielo están llenos sobreabundantemente y el cielo está anhelando, buscando a aquellos sobre quienes poder derramarlos. En este preciso momento, mientras usted está leyendo esto, todo el cielo está listo para derramar la respuesta a esa oración en su vida y a través de ella. *"¡Venga tu reino, hágase tu voluntad en la tierra como en el cielo!"*.

¡Dios desea traer su Reino (su vida, su amor, su sanidad, su paz, su gozo, su resolución, su libertad, su provisión, entre otras cosas) a su vida y a través de su vida para todo el mundo! En este preciso momento, no por que usted haya hecho algo espectacular, sino simplemente porque le dijo que sí al regalo gratuito de Dios de la salvación, usted ha nacido de nuevo en la familia de Dios y se ha convertido en el destinatario de todas las cosas buenas del Reino, incluyendo el legado de miles de años de oración, obediencia, sacrificio, adoración y promesas que dejaron aquellos que le antecedieron. Ahora es suyo para que camine en ella.

De manera que no solamente estamos listos para el mayor avivamiento que la Tierra ha visto, ¡sino también tenemos todo lo que necesitamos para ver que suceda! No nos hace falta nada. Somos hijos e hijas del Rey y poseemos acceso completo a todo lo que necesitamos para traer el Reino de Dios a la Tierra. Cuando caminamos en unión con Dios, Él nos llena de Él mismo. Y cuando elijamos amar a los que nos rodean, todo lo que él ha puesto en nosotros se derramará y transformará a los que toquemos.

# 25
## DE LA ESCLAVITUD A LA REALEZA

ACE VARIOS AÑOS tuve una visión durante un tiempo de oración que impactó profundamente mi vida. En esa visión, me veía como cuando era niña. La primera escena era muy oscura, muy triste. Yo era huérfana y esclava. Estaba encadenada junto con millones de personas, demasiadas para contarlas; y estábamos llenos de dolor y de tristeza. Estábamos caminando sombríamente hacia la muerte. Fue una escena horrible.

Entonces, de pronto, pasamos frente a un hermoso castillo. El castillo era enorme, glorioso y lleno de colores vibrantes. No se parecía a nada que hubiera visto antes. Mientras nos acercábamos al castillo, las grandes puertas se abrieron y salió el rey más majestuoso y hermoso que jamás haya visto. Lucía muy fuerte, no obstante amable y atrayente. Yo deseaba acercarme a él desesperadamente, pero sabía que era imposible.

No podía quitarle los ojos de encima, su belleza me cautivó. Todo mi ser deseaba correr a esa persona que ni siquiera conocía. Yo solo era una niña, pero él parecía ser tan perfecto, en él había seguridad. Deseaba desesperadamente estar cerca de él. Pero eso parecía imposible. Yo solo era una pequeña persona en un mar de gente.

El rey comenzó a caminar por la multitud y parecía que se movía en mi dirección. Mi corazón comenzó a latir fuertemente, pero yo sabía que él no podía verme, yo solo era una huérfana, una esclava y una pequeña niña en ese momento. Él continuó atravesando la multitud y no podía evitar esperar ansiosamente que me viera. Entonces sucedió. Sus grandes ojos cálidos chocaron con los míos y él caminó directamente hacia mí. Se inclinó al nivel de mi rostro, y entonces me miró directamente a los ojos y me dijo: "¡Tú! Te escojo a ti. Deseo ser tu padre. ¿Serías mi pequeña niña?".

¡No podía creer lo que estaba escuchando! Pronuncié un "¡sí!" sonoro y brinqué a sus brazos. No podía creer que eso me estuviera sucediendo. Era como un sueño hecho realidad. Yo iba a tener un padre. No iba a ser una esclava. ¡No tenía que morir! Muchas cosas estaban pasando por mi cabeza cuando rompió las cadenas de mis pies y me llevó al castillo. Cuando entramos en el castillo, mis sentidos fueron abrumados. Había objetos, colores, olores y sonidos que eran tan gloriosos y extraños para mí. Nunca había visto algo como eso. Apenas parecía real.

Había pasillos interminables adentro y cada uno tenía muchas puertas. Sin que me dijeran, yo supe que detrás de cada puerta había algo como un mundo distinto. Sabía que detrás de cierta puerta había suficiente comida para alimentar a todo el mundo. Detrás de otra puerta había creatividad para todas las canciones, las danzas, los negocios, los proyectos, entre otras cosas, de todo el mundo. Detrás de otra puerta estaba todo el dinero que se necesitaría. Detrás de otra, estaba toda la medicina y la sanidad que podían necesitarse. Y seguía. Este lugar era interminable, no le faltaba nada. Podía pasar toda mi vida abriendo nuevas puertas y nunca habría visto ni la mitad. Estaba impactada por lo que estaba viendo.

Cuando entramos en el castillo, el rey les ordenó a algunas mucamas que me acicalaran. Las mucamas eran muy amables y atentas. Me sentí muy amada. Ellas me prepararon una tina llena de burbujas y, mientras me bañaban, me contaron cómo la vida de esclavo te ensucia, pero en este nuevo lugar toda la suciedad es lavada y uno es limpiado. Ellas me secaron y examinaron algunas heridas que tenía en mi cuerpo. Hablaron acerca de que la vida como huérfanos deja a la gente con heridas, pero que eso no debía preocuparme, porque en este lugar, ellos tenían ungüentos para sanarme y yo ya no tendría ninguno de esos dolores. Después de poner ungüentos sobre mis heridas, las mucamas me vistieron con el traje más impresionante que haya visto. Me miré al espejo y apenas podía reconocerme. No podía creer que eso realmente me estuviera sucediendo.

Una vez vestida, las mucamas me regresaron con el rey. Él me vio con amor, visiblemente contento con mi nueva apariencia y se acercó, se inclinó delante de mí una vez más y comenzó a hablarme con amor. Él me dijo: "Hoy, verdaderamente te estoy adoptando como mi hija. Eres realeza. Debemos aclarar algo. Ya no puedes hablar como esclava, pensar como esclava o actuar como esclava. Tú no eres eso. Tú eres la hija del Altísimo Rey y debes aprender a vivir como parte de la realeza. ¡Mira a tu alrededor! Todo esto, todo lo que ves, es ahora tu hogar. Tienes libertad de ir a donde quieras y usar todo lo que hay aquí".

Estaba sin palabras. Entonces Él sonrió y me dijo: "¡Tengo un regalo para ti! Abre tu mano". Abrí mi mano y en mi palma puso una llave. Parecía una llave antigua. Lucía muy usada, pero hermosa. Él me dijo: "Con esta llave puedes ir a todos lados en la casa. ¡Bienvenida a casa!". El gozo de su rostro daba vida. Instantáneamente supe de alguna manera dentro de mí que la llave era la fe. La fe era la llave que me permitía abrir cada una de las puertas del Reino. La fe abriría todo en este lugar y yo tenía la llave en mi mano.

Yo permanecí sin palabras durante un largo tiempo después de que terminara la visión. De pronto, todo concordó. De hecho, antes de tener la visión, en realidad me estaba quejando con Dios, diciéndole que deseaba tener un "testimonio increíble". Ya sabe, algo dramático y poderoso para compartir con la gente. He amado a Jesús desde que recuerdo y aunque el camino ha tenido baches, he caminado con Él toda mi vida. Fue después de quejarme con Dios acerca de mi testimonio, que lo escuché decir: "Te mostraré el poder de tu testimonio", y entonces fui llevada a esa visión.

¡Este es el poder de nuestro testimonio! ¡Éramos esclavos, éramos huérfanos, estábamos sentenciados a muerte y fuimos comprados por el Reino de luz, limpiados y sanados, y vueltos parte de la realeza! ¡No hay nada más poderoso que eso! A partir de ese encuentro hace más de diez años, continúo escuchando a Dios susurrando en mi corazón: "No pienses como esclava. No hables como esclava. No actúes como esclava. Tú no eres eso. Eres miembro de la realeza". Es un proceso de transformación, para la mayoría de nosotros toma años entrenarnos nuevamente para evitar responder a las situaciones como un esclavo o un huérfano.

Para muchos, este será el desafío más grande de su vida. Creo que es por ello que se nos dice que toda la creación está gimiendo en intercesión por nosotros, para que se revelen los hijos de Dios. No siempre es una transición fácil llegar a vivir como un hijo o una hija de Dios. Pero lo asombroso es que cuando realmente creemos su Palabra y nos damos cuenta de que somos adoptados y amados incondicionalmente, y que tenemos acceso a todo lo del Reino, todo cambia en ese momento.

Hemos recibido la llave que abre todo lo del Reino. La llave es la fe. La fe es el imán gigante que baja todas las bendiciones del cielo a la Tierra. Por la fe tenemos acceso a todo lo que hay en el Reino de Dios. Estoy segura de que ya se dio cuenta de que leer las promesas de la Biblia no significa automáticamente que esas cosas aparecerán de repente en nuestra vida. Esas bendiciones se activan a través de la fe. La fe es la clave.

Dios está haciendo que sus hijos comprendan que somos verdaderamente adoptados y que es tiempo de que dejemos de vivir en pobreza espiritual. ¡Es tiempo de que los hijos e hijas de Dios salgan y brillen!

En amor nos predestinó para ser adoptados como hijos suyos por medio de Jesucristo, según el buen propósito de su voluntad.

—Efesios 1:4–5

# ¿QUIÉNES SON LAS MULTITUDES?

S ABEMOS QUE DIOS ha permitido que emerja la cosecha más grande de la historia (una enorme cantidad de 7 mil millones de personas) en nuestra generación. Creo completamente que Él lo ha guardado para este tiempo, porque estamos equipados con lo que necesitamos para alcanzar esta cosecha (recursos, tecnología, años de intercesión, entre otras cosas). Pero, *¿quiénes* son los 7 mil millones a quienes Dios ha preparado para el avivamiento más grande del mundo? ¿Quiénes son los 7 mil millones de personas que Dios ha colocado para entrar en el conocimiento de quien es Él? ¿Quiénes son las masas por las que oramos cuando intercedemos por un avivamiento? ¿Quiénes son las almas por las que todo el cielo está intercediendo y a las que está buscando con pasión? Como miembros de la realeza y embajadores de ese Reino celestial, es importante que comprendamos de *quiénes* estamos hablando, si seremos eficaces en el evangelismo, el discipulado y la plantación de iglesias.

De acuerdo con las estadísticas de la Organización de las Naciones Unidas del 2011, de los 7 mil millones de personas que viven en la actualidad, cerca de mil ochocientos cincuenta millones (alrededor del 27 por ciento) son niños menores de quince años. Además, existen mil doscientos millones de adolescentes entre los quince y los veinticuatro años. ¡Eso significa que aproximadamente 3 mil millones de las personas del planeta son niños y adolescentes! ¡Eso es casi la mitad (aproximadamente 43%) de la población mundial![1]

¡Un enorme porcentaje de las personas del planeta son niños y adolescentes! Para algunos esto puede ser bastante impactante, especialmente cuando a menudo en la iglesia, la mayor parte de nuestro evangelismo, discipulado, ministerio, plantación de iglesias, sermones, programas y entrenamiento de liderazgo está dirigido a los adultos. Mucho de lo que hacemos y hablamos en la iglesia está enfocado en los adultos. Es posible que muchos de nosotros no lo admitamos fácilmente, ya que nos aseguramos de que nuestras iglesias tengan programas de escuela dominical y de enviar a nuestros jóvenes al campamento de jóvenes. Pero en muchos círculos el valor y la profundidad que estamos sembrando en nuestros niños y jóvenes, no equivale a lo que sembramos en los adultos.

Aquí tenemos un sencillo ejemplo: la mayoría de las iglesias utilizan planes de estudio básicos y genéricos para sus programas infantiles. Yo no tengo problemas con los planes de estudio. Creo que pueden ser muy útiles. Pero, qué sucedería si el pastor principal de la iglesia decidiera que durante los siguientes cinco años, él no invertirá tiempo durante la semana en buscar a Dios para obtener una palabra oportuna para el Cuerpo, sino en cambio solamente sacará sus sermones de la Internet cada semana. Muchos de los miembros de la iglesia se sentirían ofendidos, devaluados y poco convencidos.

Esperamos que nuestros líderes espirituales se esfuercen y oren para compartirnos lo que sienten que está en el corazón de Dios para la congregación. Esperamos que nos enseñen desde una posición de pasión y experiencia. Por la razón que sea, este valor no siempre se traduce en el mismo cuidado para los hermanos y hermanas más jóvenes en el Señor. Es probable que no les proporcionemos los mismos recursos a los líderes de niños o que esperemos que ejerzan el mismo nivel de liderazgo espiritual entre los niños que los adultos esperan.

¿Qué sucedería si en lugar de ello cultiváramos una cultura donde la ministración de los niños fuera vista como algo vital, poderoso y digno de mucho tiempo y atención? ¿Qué sucedería si desde una corta edad los niños estuvieran siendo entrenados en las cosas profundas del Señor y siendo criados para conocer verdaderamente a Cristo y vivir sin reservas en el Reino?

¿Qué sucedería si los niños fueran vistos como un alto llamado, digno de gran valor y honor? ¿Qué sucedería si las iglesias demostraran su compromiso con los niños dotando de recursos financieros, tiempo y espacio a esta área de ministerio? Y, ¿qué sucedería si aquellos que pastorean a nuestros hijos los llevaran a un compromiso y a una pasión profunda? ¿Quiénes serían estos niños en veinte años si desde corta edad fueran expuestos y llevados a una relación profunda y apasionada con Cristo? ¿Si desde pequeños conocieran la voz de su Padre y caminaran cerca de su corazón? ¿Qué sucedería si lo sobrenatural fuera simplemente "natural" para ellos? ¿Cuánto dolor evitarían en su travesía? ¿Qué tipo de vida tendrían a los veinte, treinta, cuarenta, cincuenta? ¿Qué tipo de vida estarían viviendo ahora mismo?

No hay una diferenciación en el Espíritu. Al igual que los adultos, los niños no tienen que "ganarse" su autoridad espiritual. Si vivimos en una cultura de iglesia en la que debemos "ganarnos" la autoridad espiritual, pasaremos toda nuestra vida esforzándonos, haciendo obras, cumpliendo con las expectativas religiosas-políticas y arrancándole a la cruz el poder que esta proporciona.

No importa si usted tiene cinco años o cincuenta, si usted

es nacido de nuevo, ha sido traído a la plenitud de Cristo y de su Reino. Estamos llenos del mismo Espíritu Santo. Los niños no obtienen un Espíritu Santo versión infantil. Sí, los niños no tienen la madurez espiritual que posee alguien mayor, pero cuando vemos las Escrituras, el hecho nunca pareció molestarle a Jesús. Él eligió a los incultos, los marginados, aquellos manejados por sus pasiones y aparentemente descalificados para estar más cerca de Él. De hecho, Él incluso dijo:

> Les aseguro que a menos que ustedes cambien y se vuelvan como niños, no entrarán en el reino de los cielos. Por tanto, el que se humilla como este niño será el más grande en el reino de los cielos.
> —Mateo 18:3-4

A veces, algunos de los espíritus más grandes residen en los cuerpos más pequeños. Sabemos que un gran porcentaje de la población mundial es joven —muy joven de hecho— pero, ¿qué más necesitamos saber acerca de estas masas de gente que viven en nuestra generación? De acuerdo con la Oficina del Censo de los Estados Unidos, 60% de la población mundial vive en Asia, 15% vive en África, 11% vive en Europa, 9% vive en América Latina y el Caribe y solamente 5% en Norteamérica.[2]

Es importante comprender que las masas de personas con las que Dios desea encontrarse en nuestros días están "allá". Hay todo un campo listo para ser cosechado en cada nación, y el Señor tiene un gran amor y un plan increíble para cada persona en el mundo, imagínese todo lo que Él desea llevar a cabo ahora mismo en Asia (considerando que el 60% de la población vive ahí). Dios ve el panorama completo y nosotros debemos verlo también. Los que vivimos en Norteamérica componemos un pequeño porcentaje del mundo.

Con el fin de ser eficaces en traer el Reino de Dios a la Tierra, debemos comprender que las masas de personas que viven en la actualidad, y que están "allá", son jóvenes y también son pobres.

De acuerdo con el Banco Mundial, en 2001, unos dos mil setecientos millones vivían con menos de dos dólares al día.[3] Eso significa que una de cada tres personas en el mundo está sufriendo de pobreza extrema. (Solo imagínese si cada tercera persona que usted conoce, sufriera de esto). Y de los dos mil cuatrocientos millones de niños que existen de diecinueve años y menores, la mitad están viviendo en pobreza.[4] La mitad de los niños del mundo están simplemente tratando de sobrevivir cada día. Solo piense durante un momento en todas las cosas dolorosas que conlleva la pobreza extrema: no tienen agua limpia, hay enfermedad, hambruna, dolor, no hay educación, carecen de vivienda y hay muerte. La mitad de nuestros niños tienen que lidiar con esto cada día.

Estoy muy confiada en que Dios no está intimidado con estas estadísticas, ¡en cambio tiene un hermoso plan de redención y todo el cielo está trabajando para traer ese plan a la Tierra! Creo que a pesar de lo que cada uno de nosotros estemos llamados a hacer en nuestra vida, debemos tomar en cuenta la gran comisión y la cosecha que Dios está poniendo frente a nosotros. Debemos examinar el campo de la cosecha y buscar las estrategias de Dios inteligentemente y en oración.

## ABRIRLES ESPACIO A LOS NIÑOS

Mi pregunta es entonces: si en las iglesias no cambiamos nuestro paradigma, ¿cuán relevantes y eficaces seremos en nuestra congregación? Además, ¿quién está mejor equipado para alcanzar a las masas de niños que viven en la actualidad que los mismos niños y los jóvenes que llenan las iglesias? *Los niños no son la Iglesia de mañana, son la Iglesia de hoy,* y debemos comenzar invistiéndolos de poder y soltándolos como tales. Ya no podemos enviar a los niños a sus salones a jugar, hacer una manualidad y tener un refrigerio, mientras los adultos están en la "iglesia de verdad". Ese tipo de pensamiento es peligroso. No solamente debilitará a los poderosos niños que Dios nos ha enviado, sino también imposibilitará a todo el Cuerpo.

Tuve una visión hace alrededor de diez años que fue tanto perturbadora como esclarecedora. Mientras estaba orando, comencé a ver la imagen de una novia que estaba a cierta distancia de mí. La novia estaba muy lejos y no podía ver a detalle su cuerpo y su rostro. En la visión, yo comenzaba a acercarme a ella y me desconcertó lo que vi. Ella estaba deforme.

Fue extraño, porque no parecía estar mal, pero casi la mitad de su cuerpo estaba atrofiado y lisiado, simplemente por no utilizarlo. Todos los músculos y la carne de la mitad de su cuerpo colgaban y estaban enjutos. Suspiré, pensando cuan fea lucía. Ella apenas podía moverse. Necesitaba mucha ayuda para llevar a cabo las cosas más básicas. Me sentí triste por ella, porque su movilidad también era muy limitada.

La visión terminó ahí y yo me senté durante mucho tiempo pensando y orando acerca de lo que acababa de ver. Sabía que Dios estaba intentando mostrarme algo, pero simplemente no comprendía. Entonces Él me habló con esa calmada y suave voz, que algunas veces puede ser penetrantemente fuerte, y dijo: "Cuando no se les da poder a los niños y a los adolescentes para funcionar dentro del Cuerpo y no están siendo utilizados y valorados, mi novia luce así". No supe cómo responder. Es verdad que nadie puede saber exactamente cuántos niños hay en el Cuerpo de Cristo. Pero juzgando por las estadísticas de la población humana nada más, es seguro decir que casi la mitad del Cuerpo de Cristo quizá este compuesta de niños y adolescentes. (De hecho, ¡la mayoría de nosotros estaríamos de acuerdo en que conocemos a más niños que adultos que genuinamente tienen fe en Dios!).

Este es un pensamiento increíble: ¡*potencialmente, la mitad del Cuerpo de Cristo son niños y jóvenes!* Tómese un tiempo para pensar en esto. Existen muchos versículos que hablan acerca de que el Cuerpo trabaja unido y de que hay unidad entre los creyentes. ¡Pero a muchos creyentes adultos se les dificulta ver que los miembros del Cuerpo de Cristo incluyen a los niños y jóvenes! Si la novia debe ser hermosa, poderosa y eficaz, debemos enseñarle al brazo adulto a trabajar junto con el brazo infantil y al ojo adulto a ver junto con el ojo infantil. Debemos aprender a utilizar todos nuestros músculos y valorar a cada miembro por lo que este trae a la mesa.

En nuestra cultura es común creer que los adultos tenemos algo que enseñarles a los niños y que debemos instruirlos para que un día ellos puedan contribuir en el Reino. Pero nos estamos perdiendo de una pieza enorme del rompecabezas con ese tipo de mentalidad. Sí, es absolutamente cierto que necesitamos enseñar y entrenar a los niños. Pero los niños ya contribuyen con algo. Ya tienen el ADN de Dios y los necesitamos, no más tarde, ¡sino *ahora*!

Nosotros los necesitamos a ellos y ellos nos necesitan a nosotros. Somos un Cuerpo y podemos ser una mejor versión de nosotros siempre y cuando nos demos espacio y nos valoremos los unos a los otros. La novia necesita ser unificada y sanada, para que ya no esté limitada y débil.

# UNIDAD GENERACIONAL: LA CLAVE PARA EL AVIVAMIENTO MUNDIAL

J UAN 17 CAPTURA una parte preciosa de lo que Jesús siente por nosotros. En su última oración antes de ir a la cruz, Jesús ora por usted y por mí.

> No ruego sólo por éstos. Ruego también por los que han de creer en mí por el mensaje de ellos, para que todos sean uno. Padre, así como tú estás en mí y yo en ti, permite que ellos también estén en nosotros, para que el mundo crea que tú me has enviado. Yo les he dado la gloria que me diste, para que sean uno, así como nosotros somos uno: yo en ellos y tú en mí. Permite que alcancen la perfección en la unidad, y así el mundo reconozca que tú me enviaste y que los has amado a ellos tal como me has amado a mí.
>
> —JUAN 17:20–23

Jesús oró por unidad. Unión. Fraternidad. Lo que me impacta acerca de esta oración es la promesa escondida en ella: "Padre, así como tú estás en mí y yo en ti, permite que ellos también estén en nosotros, *para que el mundo crea que tú me has enviado…*". Más tarde, de nuevo en el versículo 23: "*…y así el mundo reconozca…*". Cuando averiguamos cómo caminar en unión con Dios y con los demás, algo sucede. Este mundo es motivado a creer.

¡No sé si usted esté escuchando lo que yo estoy escuchando! Si podemos alinearnos con este tipo de unidad por la que está orando Jesús, eso desatará fe en 7 mil millones de personas. ¡Eso se llama avivamiento mundial! Eso se llama el más grande avivamiento que el mundo haya visto.

Este tipo de unión por la que Jesús está orando, no es una de las claves más importantes; es *la* clave para comenzar un avivamiento mundial, unión con Dios y los unos con los otros. Sin adentrarnos en una enseñanza más profunda acerca de la unidad, creo que podemos ver algunos de los temas principales de la oración de Jesús. Veo tres niveles evidentes de unidad en los que Jesús está pidiendo que entremos.

**Unidad con Dios.** Jesús oró: "Permite que ellos también estén en nosotros" (v. 21); más tarde dijo en el versículo 23: "Yo en ellos y tú en mí". Dios desea llenarnos de Él mismo y desea que permanezcamos en Él. La humanidad fue creada para este tipo de unión con Dios; Dios quiere estar en nosotros y quiere que nosotros estemos en Él. Comenzamos a vernos como Jesús y el mundo se da cuenta de eso.

**Unidad entre los creyentes en todas partes.** En los versículos 20—21, Jesús dijo: "No ruego solo por estos. Ruego también por los que han de creer en mí por el mensaje de ellos, para que todos sean uno". Y en el versículo 22, Jesús dice: "Para que sean uno, así como nosotros somos uno". Jesús comprendió el poder de unidad entre los creyentes y supo que eso era una clave para desatar fe en el mundo. Jesús oró que todos aquellos que creyeran en Él, permanecieran unidos, que fuéramos "uno".

Los cristianos lamentablemente hemos visto esto como uno de nuestros mayores desafíos. Por alguna extraña razón, hemos creído la mentira de que podemos estar unidos solamente con aquellos que interpretan la Escritura de la misma manera que nosotros. De ahí que haya literalmente miles de diferentes denominaciones cristianas (38 000). El verdadero espíritu de unidad no existe simplemente porque todos piensen lo mismo o estén de acuerdo. La verdadera unidad reconoce y acepta nuestras diferencias, pero elije honrar y amar por encima de todo lo demás. La unidad de la que Jesús está hablando está mucho más preocupada por amar al prójimo y trabajar juntos, que por simplemente estar de acuerdo en algo.

**Unidad entre generaciones.** En el versículo 21, Jesús oró: "Padre, así como tú estás en mí y yo en ti, permite que ellos también estén en nosotros, para que el mundo crea que tú me has enviado". Esta es la oración de un Hijo que le está hablando a su Padre, un Hijo que ha caminado en perfecta unidad con su Padre, un Hijo que en Juan 17:10, le dice a su Padre: "Todo lo que yo tengo es tuyo, y todo lo que tú tienes es mío". Jesús desea vernos a usted y a mí caminar en la misma unidad generacional en que Él y su padre caminan: los hijos y los padres unidos, para que el mundo crea.

Jesús oró: "Padre, así como tú estás en mí y yo en ti" (v. 21). ¡Esa es una oración disparatada! Jesús utilizó las palabras "así como", no "más o menos como" o "casi como". El Hijo le pidió al Padre que fuéramos uno *así como* Él y el Padre son uno. Para comprender realmente la magnitud de lo que Jesús está pidiendo, tenemos que examinar cómo lucía su relación con el Padre mientras estaba en la Tierra.

Primero que nada, antes de que Jesús siquiera comenzara su ministerio, el Padre demostró extravagante y generosamente su compromiso y su placer para con su Hijo, como lo vemos en el bautismo de Jesús:

Un día Jesús fue de Galilea al Jordán para que Juan lo bautizara. Pero Juan trató de disuadirlo. —Yo soy el que necesita ser bautizado por ti, ¿y tú vienes a mí? —objetó. —Dejémoslo así por ahora, pues nos conviene cumplir con lo que es justo —le contestó Jesús. Entonces Juan consintió. Tan pronto como Jesús fue bautizado, subió del agua. En ese momento se abrió el cielo, y él vio al Espíritu de Dios bajar como una paloma y posarse sobre él. Y una voz del cielo decía: «Éste es mi Hijo amado; estoy muy complacido con él.»

—Mateo 3:13-17

Este es un movimiento audaz y apasionado del Padre. El Padre estaba decidido a hacer que todos supieran que amaba a su Hijo y que su Hijo tenía su aprobación. A partir de ese punto, el Padre respaldaba y exaltaba a su Hijo continuamente. El Padre demostraba su aprobación de que Jesús hiciera milagros y señales y prodigios a través de Él. Una vez más, en Mateo 17, Dios expresa su apoyo a su Hijo, con un rugido resonante desde el cielo.

Mientras estaba aún hablando, apareció una nube luminosa que los envolvió, de la cual salió una voz que dijo: "Éste es mi Hijo amado; estoy muy complacido con él. ¡Escúchenlo!" Al oír esto, los discípulos se postraron sobre su rostro, aterrorizados.

—Mateo 17:5-6

En caso de que alguien se la hubiera perdido la primera vez, el Padre brama desde el cielo audiblemente a través de la nube y dice: "Éste es mi Hijo [...] ¡Escúchenlo!". La intensidad de la experiencia deja a los discípulos postrados y aterrados. Mucho antes de que Jesús tomara forma física en la Tierra, el Padre había estado hablando de su Hijo, preparándole camino y preparando a la gente para su venida. Entonces el Padre le permitió al Hijo representarlo plenamente en la Tierra. Él le dio la autoridad suprema, diciendo que toda rodilla se doblaría y que toda lengua confesaría que Él es el Señor.

> La actitud de ustedes debe ser como la de Cristo Jesús, *quien, siendo por naturaleza Dios*, no consideró el ser igual a Dios como algo a qué aferrarse. Por el contrario, se rebajó voluntariamente, tomando la naturaleza de siervo y haciéndose semejante a los seres humanos. Y al manifestarse como hombre, se humilló a sí mismo y se hizo obediente hasta la muerte, ¡y muerte de cruz! Por eso Dios lo exaltó hasta lo sumo y le otorgó el nombre que está sobre todo nombre, para que ante el nombre de Jesús se doble toda rodilla en el cielo y en la tierra y debajo de la tierra, y toda lengua confiese que Jesucristo es el Señor, para gloria de Dios Padre.
>
> —FILIPENSES 2:5–11, ÉNFASIS AÑADIDO

El Padre preparó completamente la venida de su Hijo y lo respaldó en poder. Él se negó a hacer cualquier cosa sin Él; en cambio, lo hizo el centro y el camino hacia sí mismo. Entonces, ¡lo exaltó a lo sumo y le dio el nombre que es sobre todo nombre! *¡Caramba!* Esa es una demostración radical de un Padre amoroso y generoso.

## CAMINAR TOMADOS DE LA MANO

Miremos la manera en que Jesús interactuaba con el Padre. En el pasaje de Filipenses vemos que Jesús, aunque tenía todo el derecho de obtener los beneficios de ser Dios, caminó en absoluta servidumbre y humildad. Siempre dirigía a la gente hacia el Padre, vivió y respiró para llevar a la gente al Padre. Él se negó a hacer las cosas solo, caminó conectado de cerca con el Padre. Jesús no vivió para su propia voluntad. Él vivió para la voluntad del Padre. Nos enseñó a orar: "venga tu reino, hágase tu voluntad en la tierra como en el cielo" (Mateo 6:10). Y de nuevo en Lucas 22:42, Él ora al Padre diciendo: "Pero no se cumpla mi voluntad, sino la tuya".

¡Jesús vivió para honrar y exaltar al Padre en todo lo que hizo! Él no estaba intentando crearce un nombre. Entregó cada onza de sí mismo para demostrarle a la gente cuan bueno y hermoso es el Padre. Jesús vivió tan conectado con su Padre que se escabullía de las masas para buscar el corazón de su Papi y tomar su fuerza de ese lugar. Él vivió para agradar y honrar a su Padre.

Tanto el Padre como el Hijo estaban mutuamente apasionados: cuidando, amando y sirviendo al otro por sobre sí mismos. Se negaron a realizar algo sin el otro, pero caminaron mano a mano. Su relación es nuestro modelo de cómo debe verse la verdadera unidad generacional. Y esta hermosa y mutuamente honrosa relación es lo que Jesús oró que usted y yo tuviéramos también. Jesús oró que como padres e hijos, madres e hijas, nosotros camináramos de esa misma manera: negándonos a hacer las cosas solos, siempre preparándonos mutuamente el camino, sirviendo, respaldando, mostrando nuestra aprobación y nuestro aprecio y buscando la voluntad del otro. De hecho, Él incluso dijo: "así como"; "Para que todos sean uno. Padre, *así como* tú estás en mí y yo en ti" (Juan 17:21, énfasis añadido).

El padre y el Hijo necesitaban caminar en absoluta unidad, para que el mundo creyera. Creo que lo mismo sucede con nosotros. Dios nos está despertando hacia la verdad vital de que los padres y los hijos, las madres y las hijas aprendan a caminar en esa unidad generacional por la que el mundo será motivado a creer. Jesús pudo hacer una afirmación con seguridad, en Juan 10:30: "El Padre y yo somos uno". Oro que nosotros también podamos hacer esa declaración sin temor y que podamos caminar como uno a lo largo de las líneas generacionales.

> Estoy por enviarles al profeta Elías antes que llegue el día del Señor, día grande y terrible. Él hará que los padres se reconcilien con sus hijos y los hijos con sus padres, y así no vendré a herir la tierra con destrucción total.
>
> —MALAQUÍAS 4:5-6

# 28

# UN ÁRBOL Y UNA MOTOSIERRA

TUVE UNA VISIÓN que realmente me impactó, mucho antes de comenzar a trabajar con niños. En la visión, yo veía un hermoso árbol grande y a su alrededor se encontraba un grupo de líderes (pastores, ministros, ancianos, entre otros). En esta visión, yo veía que esos líderes estaban tratando de averiguar cómo cortar el árbol. Después de examinar, sacaron unos pequeños cuchillos de plástico que utilizaban para comer y comenzaron a utilizarlos para cortar el árbol.

Como observadora pude ver cuan ridícula era la acción. No había manera de que tiraran ese árbol con endebles cuchillos de plástico. De pronto, me di cuenta de que en la base del árbol —muy cerca de los pies de estos líderes— se encontraba una motosierra. Totalmente confundida con la razón por la que no utilizaban la motosierra, hablé en voz alta y dije: "¿Por qué no utilizan la motosierra?".

Algunos torcieron los ojos por mi sugerencia y otros continuaron trabajando como si no me hubieran escuchado. Más tarde, me llenaron de comentarios como: "¡Estamos perfectamente bien sin eso!", "Las motosierras son muy ruidosas, me provocan dolor de cabeza!", "¡Las motosierras son pesadas y te ensucian!", "Las motosierras son simplemente molestas y trabajas mucho!". Ellos continuaron luchando, luciendo muy serios mientras continuaban con su patético intento de cortar un árbol con cuchillos de plástico. Yo me encontraba completamente confundida. Yo no podría encontrar la lógica ni en un millón de años. Entonces terminó la visión.

Pasé mucho tiempo buscando a Dios para obtener el significado de la visión. Sabía que Dios me estaba hablando y no deseaba perdérmelo. Finalmente, el Señor me dio la interpretación. Él me explicó que el árbol representaba el Reino de Dios. Todos estaban trabajando para traer el Reino a la Tierra. La caída del árbol representaba las promesas cumplidas y la actividad del Reino siendo soltada en lo natural; la caída del árbol era algo grande y algo que Dios deseaba que sucediera. Sin embargo, los ancianos de mi visión estaban cómodos y tenían una perspectiva particular de cómo deseaban hacer las cosas. Ellos continuaron utilizando el mismo (y único) método que sabían utilizar, aunque no tuviera éxito.

Yo estaba ansiosa por saber lo que representaba la motosierra, ya que era esencial para la visión. El Señor me mostró que la motosierra representaba a los niños y los jóvenes, ellos son la "herramienta poderosa". Me senté en silencio intentando sumergirme en ello y comprender exactamente qué significaba. Comencé a darme cuenta de que la motosierra, aunque era una herramienta extremadamente efectiva y poderosa, no puede hacer nada por sí misma. La motosierra puede llevar a cabo su trabajo cuando es cuidadosamente sostenida en las manos de un adulto experimentado. De hecho, una motosierra puede ser muy peligrosa si no se utiliza correctamente, pero nada funciona mejor para cortar un árbol.

Todo pareció lógico. Los niños y los jóvenes son las herramientas poderosas del Reino de Dios. Dios les ha dado una fe incomparable, una pureza y una simplicidad que atrae al cielo. Yo creo absolutamente que cuando se les dé libertad a los niños para ser todo lo que Dios los ha creado para ser y sean guiados con seguridad de la mano de padres y madres sabios, ese árbol caerá; pero solamente porque todos estaremos caminando juntos. La unidad generacional es la clave. Algo que me pareció interesante, fue la respuesta de los ancianos de mi visión. Obviamente esos líderes no reflejan a todos los ministros del Cuerpo de Cristo, pero creo que Dios está permitiendo ver una mentalidad que está presente en algunos líderes y que está evitando que Dios se mueva.

He escuchado a mucha gente que me dice: "¡Simplemente no estoy llamado a los niños! ¡Eso no es lo mío!", o: ¡No, gracias! ¡Trabajar con niños es mucho trabajo!", o incluso: "¡Eso es una locura! ¡Me provoca dolor de cabeza!". Sí, no todos están apasionados por trabajar con niños y no todos tienen la paciencia necesaria para enseñarlos, y está bien. Pero *no* trabajar con niños no es una opción, a menos que esté dispuesto a ser ineficaz y divisivo en el Cuerpo de Cristo. Los niños son nuestros socios en nuestro servicio al Señor. Los niños son herramientas poderosas y son muy eficaces para soltar el Reino cuando caminan mano a mano con adultos leales.

Debemos asegurarnos de que nunca nos permitamos creer sutilmente la mentira de que los adultos son los accionistas reales de la iglesia y que los niños solamente "juegan a la iglesia" o "están en entrenamiento". *Juntos* somos la Iglesia. *Juntos* Dios nos ha dado a cada uno el papel vital de traer el Reino de Dios a la Tierra. Cuando aprendamos a caminar en unidad, ¡ese árbol caerá rápidamente!

# 29

## UN SUEÑO RECURRENTE

TUVE UN SUEÑO recurrente desde los quince hasta los veintiún años. Nunca en mi vida había tenido un sueño recurrente antes de ese periodo y no he tenido uno desde entonces. Pero durante siete años, continué soñando lo mismo una y otra vez. Me rondaba. Deseaba saber desesperadamente lo que significaba o lo que Dios deseaba que hiciera con él. El sueño era simple y empieza así:

Es tarde en la noche y estoy sentada en la parte trasera de un coche tipo taxi, recorriendo las calles de la ciudad, dirigiéndome a alguna parte. Mirando por la ventana, de pronto veo un pequeño cuerpo sobre la alcantarilla. Le grito al conductor que detenga el coche. Mi corazón late fuertemente. Cuando se detiene, salgo del coche de un brinco y corro hacia el cuerpo. Es una bebé que yacía sin poder hacer nada en la alcantarilla, abandonada y desnutrida. En el sueño estoy muy consciente de que el tiempo es vital y que si no se hace algo inmediatamente, esta bebé morirá de hambre en instantes. Me entra el pánico. Miró alrededor, pero es tarde y la zona está desierta. No hay ningún lugar dónde llevar a la bebé y nada qué hacer para alimentarla. Sé que solamente tengo algunos segundos. En absoluta desesperación, acerco a la bebé a mi pecho y oro a Dios que fluya sobrenaturalmente a través de mí. La leche comienza a fluir sobrenaturalmente y puedo alimentar a la bebé. La bebé es rescatada y sobrevive. El sueño termina.

Una y otra vez, durante siete años tuve el mismo sueño, la

misma bebé, el mismo final. Ahora, como madre de tres, la idea de alimentar un bebé no me parecería extraña. Pero a los quince años era raro. Durante años luché realmente con el significado de este sueño. Sabía que tenía algún significado para mí personalmente, pero también para el Cuerpo de Cristo en toda su extensión. Un día a los veintiún años, sentí que el Señor me habló acerca del significado del sueño. Él dijo que había una generación a punto de morir de hambre. Una generación que era un regalo y una promesa que había sido "abandonada" e "ignorada" en cierto sentido, y que necesitaba ser nutrida desesperadamente. Dios estaba buscando gente que en medio de su ocupada vida, hacia donde se dirigieran, se diera cuenta, viera a esta generación hambrienta y estuviera dispuesta a detenerse, incluso aunque fuera a media noche y se sintiera cansada.

Sentí que Dios estaba dando una promesa en el sueño, para aquellos que estén dispuestos a detenerse. Incluso si usted siente que no tiene absolutamente nada que dar y nunca ha hecho nada así antes, si usted se acerca a estos pequeños, Dios fluirá sobrenaturalmente a través de usted para alimentar a una generación y traerla de vuelta a la vida de una manera que usted nunca imaginó posible. Después de recibir la revelación de ese sueño, nunca lo tuve de nuevo.

Puedo testificar que a través de los años he visto que Dios ha cumplido la promesa que propuso en el sueño. He visto a muchas personas alrededor del mundo, quienes se sentían incompetentes y completamente fuera de lugar, cuando aceptaron el desafío de ministrar a los niños. Pero al acoger a una generación hambrienta, Dios sobrenaturalmente comenzó a utilizarlos para alimentar a estos preciosos pequeños. Dios simplemente está buscando a alguien que se tome el tiempo para detenerse, ver y cuidar. Él hace el resto y eso es hermoso.

# LA VENTANA 4/14: LA EDAD DE ORO DE LA OPORTUNIDAD

E S PROBABLE QUE haya escuchado acerca de la Ventana 10/40. Es un término acuñado por el misionero estratega, Luis Bush, en 1990, que se refiere a las regiones del hemisferio oriental, entre los paralelos 10-40 al norte de la línea equinoccial, desde el Norte de África y a través de China. La Ventana 10/40 contiene la población más grande de no cristianos y tiene el menor acceso al evangelio, acompañado de enormes problemas socioeconómicos. La campaña de Luis Bush para movilizar a la gente a orar por esta región fue realmente un esfuerzo catalítico para que la Iglesia mundial tomara la gran comisión e hiciera más eficientes los esfuerzos de evangelismo. El concepto revolucionó el movimiento de las misiones.

En años recientes, Luis Bush ha salido a escena de nuevo y ha impulsado a los movimientos misioneros de todo el mundo a tomar un nuevo enfoque de misiones: la Ventana 4/14. La Ventana 10/40 se refería al marco geográfico; la Ventana 4/14 describe un marco demográfico: una temporada de vida que comprende de los cuatro a los catorce años. En los últimos años, este tiempo en el periodo de vida de un niño, se ha llegado a conocer rápidamente como la edad de oro de la oportunidad.

Han surgido varias estadísticas a través de los años que han cambiado los esfuerzos de evangelismo. El misiólogo, Bryant Myers, exdirector de MARC Ministries de Visión

Mundial, reportó a principios de la década de 1990 que casi 85% de aquellos que toman decisiones por Cristo en los Estados Unidos, lo hacen entre los cuatro y los catorce años.[1] La investigación más reciente ha mostrado que esto es verdad. En 2004, el Barna Research Group llevó a cabo una encuesta nacional en los Estados Unidos y encontró que los niños estadounidenses entre los cinco y los trece años, tienen 32% de probabilidad de aceptar a Cristo, mientras que los adolescentes entre los quince y los dieciocho años tienen solamente 4% de probabilidad, y los adultos de diecinueve y mayores tienen 6% de probabilidad. La extensa investigación de Barna también muestra que la edad en la que una persona acepta a Cristo como su Salvador está relacionada con varios atributos de su vida espiritual. Por ejemplo, quienes se convierten en cristianos antes de la adolescencia tienden más a permanecer "absolutamente comprometidos" con el cristianismo que aquellos que se convierten cuando son mayores.[2]

"Lo que usted cree a los 13 años de edad es más o menos lo que creerá al morir", dijo Barna, autor de *Cómo transformar a los niños en campeones espirituales*. Su investigación también muestra que durante el ministerio para niños es la etapa ideal para formar la siguiente generación de líderes. En 2003 el Barna Research Group realizó una encuesta nacional entre pastores, personal de iglesias y líderes laicos, cuatro de cinco líderes dijeron que participaron en programas de la iglesia para niños por varios años antes de cumplir los trece años de edad.[3]

La investigación apunta hacia una cosa unánimemente: los niños entre los cuatro y los catorce son la cosecha más madura y fructífera del planeta. Se estima que existen alrededor de mil doscientos millones de niños actualmente en la Ventana 4/14.

Esta es verdaderamente la edad de oro de la oportunidad. El conocimiento de la Ventana 4/14 está cambiando los movimientos misioneros de todo el mundo. Al hablar recientemente de su folleto acerca de la Ventana 4/14, Luis Bush afirmó:

> Este folleto es un llamado urgente a considerar la importancia estratégica y potencial de los mil doscientos millones de niños y jóvenes que están en la Ventana 4/14. Es una súplica a abrir su corazón y su mente hacia la idea de alcanzar y levantar una nueva generación del interior de ese vasto grupo: una generación que pueda experimentar una transformación personal y que puedan ser movilizados como agentes de transformación en todo el mundo. Nuestra visión es maximizar su impacto transformador mientras son jóvenes y movilizarlos a continuar el impacto por el resto de su vida. Le invito a unirse a muchos otros que están haciendo un compromiso por cumplir esta visión y comprender esta esperanza.
>
> Para maximizar el impacto transformador de los niños y los jóvenes que se encuentran en la Ventana 4/14, debemos abordar los problemas espirituales, mentales, físicos, relacionales, económicos y sociales que ellos enfrentan. Debemos también confrontarlos con su "pobreza ministerial": la escasez de oportunidades para que ejerzan sus dones y utilicen su potencial en maneras que honren a Dios y hagan avanzar su Reino.
>
> Es crucial que se vuelvan a jerarquizar y a dirigir los esfuerzos misioneros hacia el grupo etario de 4 a 14 de todo el mundo. Esto requiere que tomemos completa consciencia de lo que está sucediendo en su vida. Debemos también intentar comprender su naturaleza y los medios esenciales para alimentarlos. Solamente con esta consciencia informada podremos alcanzarlos, modelarlos y levantarlos para transformar al mundo.[4]

Estoy completamente de acuerdo con Luis. Creo que aquellos que se encuentran en la Ventana 4/14 no solamente están completamente maduros para la salvación, sino que también son quienes deben ser entrenados y lanzados para alcanzar a sus colegas y amigos. El Barna Group ha realizado también extensos estudios acerca de los tipos de esfuerzos de evangelismo que reciben más respuesta. Los niños de la Ventana 4/14 normalmente no responden a las cruzadas, el evangelismo por televisión o a los llamados de la iglesia al altar. La mayor respuesta surge cuando un amigo o un familiar le comparte a Cristo a esa persona. Tenemos que poner a tención y enfocar nuestros esfuerzos apropiadamente. La cosecha es abundante y los obreros son pocos, ¡pero no tiene que ser así!

> La cosecha es abundante, pero son pocos los obreros —
> les dijo a sus discípulos—. Pídanle, por tanto, al Señor
> de la cosecha que envíe obreros a su campo.
> —MATEO 9:37-38

¡La cosecha es abundante! Debemos preguntarnos: ¿por qué los obreros son pocos? ¿Se debe a que no tenemos suficientes misioneros y evangelistas en el mundo? El cristianismo es la religión más grande del mundo. Se estima que alrededor de un tercio de la gente en el mundo profesa ser cristiana.[5] Si todos los cristianos del mundo lleváramos a dos personas al Señor, el mundo entero sería salvo. De manera que no es que tengamos escasez de cristianos que hagan la obra. Debemos preguntarnos entonces: ¿por qué los obreros son pocos?

Estoy segura de que una variedad de factores contribuyen a la situación, pero creo que uno de los más importantes es que pocas personas están de verdad abordando el campo principal de la cosecha: los niños. Habiendo trabajado con cientos de iglesias y pastores de niños, he visto que es casi como encontrar una aguja en el pajar intentar buscar alguien que trabaje con los niños. Los pastores de niños tienen demasiado trabajo y están desesperados por ayuda, intentando confiar en voluntarios inconstantes y a menudo se sienten solos y sin apoyo. Muchas veces, trabajar con niños es visto como un punto de partida del cual uno espera graduarse pronto, primero yendo a trabajar con los jóvenes y después a la "iglesia de verdad": los adultos.

Otro factor a considerar es que creo que nuestros obreros más eficaces (nuestras herramientas poderosas) no están siendo levantadas y llevadas al campo de la cosecha. Los niños entre los cuatro y los catorce años son el recurso que no hemos explotado del Cuerpo de Cristo. ¿Qué sucedería si en todo el mundo equipáramos y movilizáramos a nuestros niños para traer vida y amor a sus amigos? Sí, la cosecha es abundante, especialmente en nuestra generación. Pero eso está cambiando.

Dios está levantando a niños apasionados tal como aquellos acerca de quienes ha leído en este libro: niños que lo aman con todo su corazón y anhelan compartir su amor con aquellos que encuentran. Dios está levantando un ejército de segadores como nunca antes hemos visto. Durante años, la gente ha estado levantando sus oraciones al Señor de la cosecha, pidiéndole que envíe obreros al campo y Él ha escuchado su clamor y lo está llevando a cabo.

Los niños no solamente son la Iglesia de hoy, sino también los misioneros de hoy y los evangelistas de hoy. Oro por que cada uno de nosotros podamos ver lo que Dios está realizando y tengamos la disposición de estar detrás de ello. Dios está alistando al mundo para el avivamiento de nuestra generación. Y a la vez, Él ha llenado la Tierra de almas jóvenes que lo conocen y lo aman con pasión. El Señor de la cosecha ha escuchado las oraciones de los santos y ha respondido. Él ha enviado a un niño para guiarlos.

# NOTAS

## Capítulo 4
### Una mariposa, un milagro y ángeles

1. El nombre de Jumo ha sido cambiado para proteger su identidad.

2. El nombre de Mary ha sido cambiado para proteger su identidad.

## Capítulo 5
### Una cita con Jesús

1. Megan Scotney en charla con la autora, agosto de 2011. Utilizado con el permiso de los padres.

2. Ibíd.

## Capítulo 7
### El encuentro de Conner

1. Ben Armstrong, en charla con la autora, junio de 2011.

## Capítulo 10
### Cuando las oraciones estremecen las tinieblas

1. Pastor Patrick Siabuta, en charla con la autora, julio de 2011.

## Capítulo 24
### La estrategia divina

1. Oficina del Censo de los Estados Unidos, "Historical Estimates of World Population" [Estimados históricos de la población mundial], http://www.census.gov/population/international/data/idb/worldhis. php (consultado el 19 de enero de 2012); ONU, "The World at Six Billion" [El mundo a los seis mil millones], Table 1: "World Population From Year 0 to Stabilization" [La población mundial desde el año 0 hasta la estabilización], 1999, http://un.org/esa/population/publications/sixbillion/sixbilpart1.pdf (consultado el 19 de enero de 2012).

2. ONU, "The World at Six Billion", Tabla 1: "World Population From Year 0 to Stabilization".

## CAPÍTULO 26
### ¿QUIÉNES SON LAS MULTITUDES?

1. Sección de división de la población, estimados de población y proyecciones, "World Population Prospects, the 2010 Revision" [Prospectos de población mundial, revisión de 2010], ONU, Departamento de asuntos económicos y sociales, Junio de 2011, http://esa.un.org/wwp/Excel-Data/population.htm (consultado el 20 de enero de 2012).

2. División de población, Departamento de asuntos económicos y sociales, *Prospectos de población mundial, revisión de 2010* (Nueva York: ONU, 2011), "Tabla I.2", http://esa.un.org/unpd/wpp/Documentation/pdf/WPP2010_Highlights.pdf (consultado el 20 de enero de 2012).

3. Reportado según la ONU en "The International Day for the Eradication of Poverty: 17 October" [El Día Internacional para la Erradicación de la Pobreza, 17 de octubre], http://www.un.org/esa/socdev/poverty/images/IDEP_flyer.pdf (consultado el 23 de enero de 2012).

4. División de población, Departamento de asuntos económicos y sociales, *Prospectos de la población mundial, revisión de 2010;* UNICEF, *State of the World's Children 2005* (Nueva York:UNICEF, 2004), http://unicef.org/sowc05/english/sowc05.pdf (consultado el 17 de febrero de 2012).

## CAPÍTULO 30
### LA VENTANA 4/14: LA EDAD DE ORO DE LA OPORTUNIDAD

1. Dan Brewster, "The '4/14 Window': Child Ministries and Mission Strategies" [La 'Ventana 4/14', ministerios de niños y estrategias de misiones], Compassion International, actualizado en agosto de 2005, http://www.compassion.com/multimedia/The%204_14%20Window.pdf (consultado el 5 de marzo de 2012).

2. George Barna, *Cómo transformar a los niños en campeones espirituales* (Ventura, CA: Regal, 2003), 33—34.

3. John W. Kennedy, "The 4-14 Window," Christianity Today, 1 de julio de 2004, http://www.christianitytoday.com/ct/2004/july/37.53.html, consultado el 25 de abril de 2012.

4. Luis Bush, *Raising Up a New Generation from the 4/14 Window to Transform the World* [Levantando a una generación a partir de la Ventana 4/14 para transformar al mundo] (Flushing, NY: 4/14 Window Global Initiative, 2011), 3, http://4to14window.com/4-14-window-booklet (consultado el 23 de enero de 2012).

5. AFP, "US Study Says Christians One Third of World Population" [Investigación estadounidense que dice que los cristianos componen un tercio de la población mundial], 10 de diciembre de 2011, http://ph.news.yahoo.co/one-third-world-embrace-christianity-us-study-184225932.html (consultado el 17 de febrero de 2012).

# ACERCA DE LA AUTORA

Jennifer y su esposo, Jonatán, viven en Los Ángeles, California con sus tres hijos: Malaika, Josiah y Ruah. Tanto Jonatán como Jennifer sirven como pastores principales asociados en Expression 58 Ministries, una iglesia y ministerio regional que ellos ayudaron a establecer, el cual apoya el amor, la creatividad y la justicia en el corazón de la cultura popular. Además, Jennifer es la fundadora y presidenta de Global Children's Movement, una organización internacional sin fines de lucro que está comprometida con la misericordia y la justicia hacia los niños alrededor del mundo. Con pasión por traer soluciones naturales y espirituales a los problemas mundiales, sus proyectos incluyen: escuelas integrales en zonas de guerra, casas para niños rescatados de la trata de personas, niños huérfanos y abandonados, ministrar a jóvenes encarcelados, programas de alimentación para niños desnutridos, proyectos de microempresas para viudas y familias vulnerables y una variedad de programas de alcance.

Jennifer ha ministrado extensamente en varias naciones, viendo una transformación en algunas de las comunidades mundiales más oscuras y quebrantadas. A través de su ministerio, miles de niños han sido entrenados en África, Latinoamérica y Norteamérica. Su pasión es ver a toda una generación verdaderamente enamorada de Jesús y lista para colaborar con el cielo. Ella anhela ver el sencillo evangelio puro restaurado en la Iglesia y que el Reino del cielo se manifieste a los pobres y marginados.

---

Para obtener más información acerca de
Expression 58 Ministries,
por favor consulte www.expression58.org

Para donar u obtener más información
acerca de Global Children's Movement,
por favor consulte www.gcmovement.org

---

Jennifer tiene una variedad de materiales de enseñanza disponibles, incluyendo estos poderosos recursos para ayudarle a activar a sus propios hijos en lo sobrenatural. Para obtener más recursos, por favor, envíenos un correo electrónico a resources@expression58.org.